ARCHITECTS´ HOUSES
건축가의 집

" 좋은 집은 여러 요소들을 간결하게 구성한 창조물이다. 단지 집을 구성하는 재료만이 아니라, 사람들의 삶을 이루는 무형의 리듬과 영혼 그리고 꿈을 이야기하는 곳이다. 집은 현실의 작은 땅에 자리 잡을 뿐이지만, 이 장소는 하나의 온전한 세계처럼 만들어진다. 좋은 집은 각 부분마다 사람들의 중요한 활동을 담아내고 전체적으로는 삶을 향한 하나의 태도를 표현한다."

찰스 무어

건축가의 집

마이클 웹 지음 ㅣ 조순익 옮김

이유출판

건축가의 집

머리말

재능 있는 건축가라면 누구든 자신이 설계한 집에서 살 기회가 있을 법하다. 그럴 기회가 생긴 건축가는 어떻게 공간을 형성하고, 빛의 방향을 조절하고, 보금자리를 짓는 창조적인 방법을 찾아낼지를 오랜 시간에 걸쳐 숙고한다. 이렇게 자기 집을 설계해본 건축가라면 재료와 건축 기술, 도시나 전원 지역의 맥락에 응답할 필요를 절실하게 느껴봤을 것이다. 이 책에서 다루는 건축가들은 모두 자연을 예민하게 인식하고, 온실효과를 유발하는 탄소배출량을 줄여야 할 필요를 위급하게 느끼고 있다. 이들은 주거 건축의 풍부한 역사를 활용해 자신의 집을 새로운

아이디어와 생산물 및 기술의 실험실로 만든다. 건축가의 집은 건축가의 설계 원칙을 말해줄 뿐만 아니라, 건축가가 의뢰인을 만족시키는 법을 실제로 보여준다. 또한 공동 주거를 위한 급진적 선언이나 모델이 될 수도 있다.

사람들은 대부분 필요에 의해서든 선택에 의해서든, 우리가 모는 차나 입는 옷처럼 표준화된 집에서 산다. 건축적인 우수성은 거의 찾아보기 어렵고 그저 건설업자와 개발업자의 수익을 높이는 상품 속에서 사는 것이다. 부자는 더 크고 풍부한 공간을 요구할

수 있지만, 진정 차별화된 뭔가를 성취하는 경우는 흔치 않다. 그 외의 사람들에게는 도시에서 조그마한 단독주택 하나 장만하기도 점점 어려워지고 있다. 이런 상황에서 건축가들은 새로운 모델을, 예컨대 대량판매 시장보다 개별 수요에 맞춤화한 저렴하고 지속가능한 집들을 모범적으로 만들어낼 기회를 얻거나 혹은 그래야 한다는 책임감을 느낀다. 예산과 법적 제한 그리고 지역 이기주의에 빠진 이웃들이 허용하기만 한다면야 건축가는 자기가 좋아하는 집을 맘껏 자유롭게 만들 수 있다. 하지만 자신의 작품 속에 살면서 발생하는 모든 결함을 온전히 떠안아야 한다는 사실을 실감하면서, 위험을 감수하려는 생각은 줄어들게 된다.

내 집 짓기를 시도하는 건축가는 상당히 적은 편이다. 지금껏 가장 방해가 되는 요인은 비용이었다. 아무리 공사를 경제적으로 한들 땅값은 계속해서 오르고 도시에서는 미개발 부지를 찾기도 어렵다. 마치 맨발로 다니는 자식을 둔 제화공처럼, 많은 건축가들이 각종 업무를 처리하느라 자기 집을 설계할 여유가 없다. 게다가 사무실 근처의 아파트를 빌려 살면 훨씬 편하고, 따로 유지보수를 할 필요도 없지 않은가.

르 코르뷔지에(Le Corbusier, 1887-1965)는 젊은 건축가 시절 의뢰인을 상대로 실험적인 프로젝트를 하고 여러 가지 선언문을 쓰기도 했지만,[1] 당시 파리 외곽에 직접 설계한 절제된 아파트 블록의 펜트하우스에 자택을 마련했다. 베르톨트 루베트킨 (Berthold Lubetkin, 1901-1990)은 런던 동물원의 펭귄 서식지를 설계하면서 상상력을 한껏 동원했지만, 런던 하이포인트 타워 상층부에 자신의 아파트를 설계할 때는 보다 신중하게 접근했다. 요즘 건축가들도 마찬가지다. 물론 노먼 포스터(Norman Foster, 1935-)가 템스강 남쪽 강변에 설계한 것처럼 자신의 펜트하우스가 딸린 아파트 건물 전체를 설계할 기회를 얻기가 어려운 것도 사실이다.

일부 건축가들은 일상 업무와 대비를 이루거나 새롭게 해석할 여지가 있는 오브제로서 속을 파내고 리모델링 대상이 되는, 임시 주택이나 다락집에서 살기를 선호한다. 순수주의 백색 건축의 대가 리처드 마이어(Richard Meier, 1934-)는 맨해튼 아파트에서 벗어난 은거지인 이스트 햄튼의 100여년 된 농장에서

1) 건축 모더니즘을 대표하는 르 코르뷔지에는 '근대 건축의 5원칙'과 '모듈' 개념을 정립하고 『건축을 향하여』(1923)를 비롯한 여러 선언적 저술을 남기며 근대 건축 발전에 지대한 영향을 끼쳤다.

2) 프랑스 건축가 피에르 샤로 (Pierre Chareau, 1883-1950)가 1927년에 설계해 1932년에 완공된 주택으로, 장식재로 쓰이던 유리블록을 벽 재료에 활용한 작품. '메종 드 베르'는 '유리의 집'이라는 뜻이다.

여름과 주말을 보낸다. 한편 리처드 로저스(Richard Rogers, 1933-)는 런던 첼시 지구에 한 쌍의 조지아풍 연립주택을 설계하면서 파리에 있는 메종 드 베르(Maison de Verre)[2]에 경의를 표한 바 있다.

이 책에는 지난 10년간 전 세계 건축가들이 직접 지은 자택 30채를 골라 실었는데, 무엇보다 그들의 창조적 작업 과정에 초점을 두고 작품을 선정했다. 책의 중간 부분에서는 토마스 제퍼슨(Thomas Jefferson, 1743-1826)의 몬티첼로(Monticello)부터 최근의 성취에 이르기까지 선례가 되는 모델들을 개괄적으로 살펴본다. 수록한 작품들은 규모와 재료, 특성, 입지 면에서 제각기 다양하다. 도시의 틈새 공간을 채우는 경우도 있고, 외딴 전원 주거나 실험적 사례, 옛것과 새것의 융합도 엿볼 수 있다. 모든 작품은 겸손한 방식으로든 야심찬 방식으로든 저마다 이야기하는 바가 있으며, 각기 그 건축가의 성격과 취향을 반영한다. 저마다의 독특함도 있지만, 공유하는 주제들도 있다. 작품의 영감은 예술이나 자연에서, 또는 다른 건축가에게서 나온다. 그들이 특별히 강조하는 건 투명성과 매스, 비움 그리고 빛과 그늘의 움직임으로 생동감을 얻는 거친 표면과 같이 근본적인 것들이다. 내부에서는 공간의 흐름이 자유로우며, 외부를 향해서는 춥거나 습한 지역에서도 개방성을 드러낸다. 건축에 담긴 자연 경관은 건축가가 만들거나 수집한 예술 작품과 가구를 보완하는 효과가 있다.

프랑스 남부에서 진행한 과감한 리모델링 작업과 중세 복합단지를 새로운 주거·업무공간으로 보완한 스페인 주택을 제외하고는 모든 작품이 완전한 신축 작업이다. 이 책에서 다루는 건축가들은 평범치 않은 도전을 받아들였고, 제약을 강점으로 바꾸어냈다. 이들은 '집 한 채가 삶과 그 주변 환경을 어떻게 풍요롭게 할 수 있는가?'라는 중대한 질문 앞에 다양한 해답을 제시한다.

널찍하거나 검박하고, 세련되거나 투박하고, 대담하거나 간소한 이 모험적인 집들은 다른 건축가들뿐만 아니라 특별한 집을 설계하거나 의뢰하는 모든 이에게 영감을 줄 것이다.

노먼 포스터
NORMAN FOSTER

돛단집
LA VOILE[3]

프랑스 페라곶
CAP FERRAT, FRANCE

최고의 건축가들은 여러 제약을 기꺼이 받아들인다. 자신의 창조성과 문제해결 능력에 대한 도전으로써 말이다. 포스터 경(卿) 역시 그런 도전으로 가득한 경력을 쌓아왔다. 런던 로열 아카데미의 새클러 갤러리에서는 새로운 부속 건물을 기존 18세기 건물과 병치했고, 프랑스의 님(Nimes)[4]에 들어선 미디어테크에서는 철과 유리로 만든 파빌리온을 로마 시대 신전과 함께 마치 우아한 2인조 발레를 하듯 조화롭게 선보였다. 포스터와 동료들이 포스터 가족을 위해 페라곶에 지은 이 집은 규모가 훨씬 작지만, 작업의 어려움은 그에 못지않다.

포스터와 그의 부인 엘레나는 독특하게 뻗은 이곳 해안을 좋아했는데, 자연이 아름다울뿐더러 니스 공항으로 교통이 편리하게 연결됐기 때문이다. 문제는 돈으로 매수된 이곳 시장(市長)들 때문에 코트다쥐르의 환경에 질적 저하가 일어나자, 프랑스 정부가 이곳의 도시 계획을 파리시의 통제하에 두고 난개발을 막을 엄격한 제도를 실시하게 됐다는 점이다. 포스터는 이렇게 말한다. "어떤 것도 헐거나 새로 짓지 못하게 했어요. 할 수 있는 거라곤 개조뿐이었는데, 참 고무줄 같은 말이었죠.

물론 규정은 꽤 복잡했지만요. 그래서 우리가 찾아낸 건물이라곤 5층짜리 타워뿐이었어요. 꽤 낡아 보이던 1950년대 건물이었죠. 우리의 결과물은 창조적 상상의 극한을 시험하며 만들어낸 것입니다. 제정신인 사람이라면 이 집을 보고 말했겠죠. '완전히 미쳤군요!'"

포스터는 밀실 같은 방들이 있던 이 건물을 빛이 가득하며 지중해의 자연미를 끌어들여 가족과 친구들의 쉼터가 될 전망 좋은 집으로 바꾸기 위한 몇 가지 안을 스케치했다. 볼품없던 하부 축대는 길쪽으로 내어주고, 바닥층에 있는 손님방 네 개가 기단 역할을 한다. 기단 바로 위층은 4개 층 높이로 이어지는 거실, 식당을 위한 테라스를 만들어 이 집에서 가장 공적인 중심 공간을 형성했다. 설계팀의 후안 비에이라는 이렇게 말한다. "건설과 해체 작업은 마치 복강경 수술처럼 이뤄졌어요. 조금씩 헐고서 다시 짓는 작업을 반복했죠. 벽선을 유지하면서 개구부를 내는 식의 작업 말이에요. 경사진 대지 때문에 큰 크레인으로 소형 굴착기를 집어 집 안에 들여놨고, 이걸로 뒤쪽 땅을 파서 침실이 있는 실내 공간을 만들어냈어요."

두 개의 휘어진 철골 보와 서로 엮인 강철 케이블에 매달린 범포 덮개는 팽팽히 당겨져 수영장에 그늘을 드리운다. 네 개의 손님방으로 구성된 기단부 위로 네 개 층 높이의 거실/식당에 딸린 테라스가 뻗어나간다.

3) 영어의 'The Sail'에 해당하는 불어로 '라 부알'이라 읽으며, 우리말로는 통상 '돛'이나 '돛단배'를 뜻한다.

4) 로마 시대 유적이 남아 있는 프랑스 남부 도시.

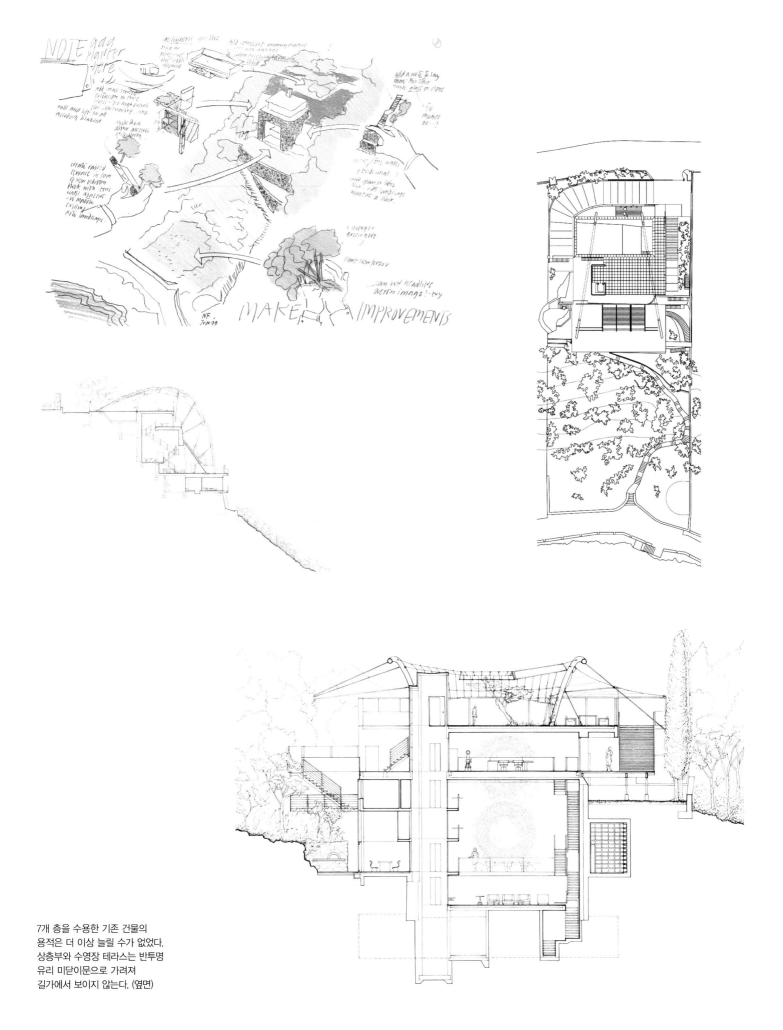

7개 층을 수용한 기존 건물의
용적은 더 이상 늘릴 수가 없었다.
상층부와 수영장 테라스는 반투명
유리 미닫이문으로 가려져
길가에서 보이지 않는다. (옆면)

이 집은 7개 층을 수용하는데, 기존의 외피 속에
이 모든 층을 구겨 넣기란 쉽지 않았다. 설계 치수는
밀리미터 단위로까지 내려갔다. 이를 두고 포스터는
이렇게 회상한다. "이 지역에서는 건축법을 어기지
않는 사람이 없는데, 우리는 크레인 때문에 인근의
호텔과 다툼이 생겼어요. 결국 호텔 지배인이 이를
당국에 알려 복수를 했죠. 경찰과 조사원이 우르르
몰려와 현장으로 내려가더니 하루 종일 줄자로
여기저기 재면서 흠잡을 거리를 찾았어요. 그런데
모든 게 규칙대로인 걸 알고는 분을 못 삭입디다."

포스터는 거실을 테라스 쪽으로 개방하기 위해, 18톤
무게의 프레임 유리창 두 개를 마치 무대 장막처럼
밀었다 닫을 수 있게 설계했다. 이로써 시원한 미풍이
집 전체에 흐를 수 있게 됐지만, 개구부에 차양이
필요했다. 그렇게 해서 이 집의 특징이 된 차양이

만들어졌다. 포스터는 비행하는 것을 아주 좋아해서
한때 자신이 가장 좋아하는 구조물로 보잉 747기를
꼽았을 정도다. 그는 늘 경제적인 방법에 기초하는
우아한 장력 구조로 건축물을 설계했고, 심지어
대량의 철근 보강이 필요할 때도 그랬다. (젊은 시절의
포스터에게 버크민스터 풀러(Buckminster Fuller,
1895-1983)가 이렇게 물은 적이 있다. "당신의
건축물은 무게가 얼마나 되나요, 포스터 씨?")

다만 이 집은 하늘이 아니라 지중해를 가로지르는
부푼 돛에서 영감을 받았다. 휘어진 철골 보 두 개와
서로 엮인 강철 케이블에 매달린 범포 덮개는 팽팽히
당겨져 수영장에 그늘을 드리운다. 여름철에는
덩굴식물이 케이블의 강건함을 부드럽게 완화시키고,
겨울철에는 낙엽에 반사된 햇빛이 실내를 따뜻하게
데워준다.

이 집은 자연을 무대처럼 감상할 수 있는 좌석이 계단식으로 배치되어 있어 극장 같기도 하다. 포스터는 자신이 좋아하는 예술가인 리처드 롱 (Richard Long)이 현장의 진흙으로 그려낸 장소 특정적 벽화를 거실 겸 식당의 뒷벽에 배치해 활력을 불어넣었다. 롱은 포스터 앤 파트너스가 조지프 어번 (Joseph Urban)의 미완공 사무소 건물을 변형한 뉴욕 허스트 타워의 아트리움에서도 대규모 작품을 선보인 바 있다.

그렇다고 이 돛단집이 그저 볼거리만 제공하는

건축물은 아니다. 3개 층 높이의 남쪽 서비스 코어에는 주방과 세탁실과 사무실이 있고, 여러 층을 오가는 승강기가 한 대 있다. 또한 자연에 순응하는 방식으로 지어서 기계 설비 의존도를 최소화한 냉난방 시스템을 구축했다.

하지만 애석하게도 포스터는 자녀들을 위해 인근의 증축 부지를 사들이려 했다가 실패했고, 결국 이 집과 가구의 매력에 푹 빠진 핀란드 디자인 브랜드 마리메코(Marimekko)의 최고경영자에게 집을 팔았다.

"우리의 결과물은 창조적 상상의 극한을 시험하며
만들어낸 것입니다. 제정신인 사람이라면 이 집을
보고 말했겠죠. '완전히 미쳤군요!'"

노먼 포스터

버즈 유들 + 티나 비비
BUZZ YUDELL & TINA BEEBE

트리 하우스
TREE HOUSE

미국 캘리포니아 산타모니카
SANTA MONICA, CALIFORNIA, USA

거리에서 이 집을 보면 똑같은 경사 지붕의 적삼목 헛간들이 줄줄이 이어져 있어 인근 협곡 기슭의 전통 방갈로에 응답하는 듯하다. 남북 방향으로 축선이 정렬돼 있고, 선형 복도를 중심으로 열매처럼 붙은 여러 개의 방과 마당이 양쪽의 나무를 내다보고 있다. 건물의 외부는 무표정해 보이지만, 실내는 투명한 느낌 속에 자연광이 스며든다.

이 집은 결혼한 지 오래된 이 부부가 직접 살려고 지은 네 번째 신축 주택으로서, 앞서 지은 말리부의 이탈리아식 주거와 시랜치의 해변 복합 주거, 산타모니카의 우아한 입방형 주거에서 그들이 즐겨 썼던 요소들을 통합하고 있다. 말리부와 시랜치의 집들은 유들의 멘토이자 전(前) 파트너인 찰스 무어 (Charles Moore, 1925-1993)의 추억을 담고 있다.

세 번째 집은 주변에 늘어나는 대형 맨션들에 압도당하기 전에 팔기로 했다. 하지만 이곳 러스틱 캐니언에서는 그런 일이 일어날 가능성이 작다. 로스앤젤레스의 이 외딴 전원 지역에 처음 정착한 이들은 보헤미안과 예술가였고, 그다음 정착한 전문직과 창조적 분야의 종사자들은 이곳의 전통적 특성을 유지하기로 합의하고 소박한 규모의 모더니즘을 받아들였기 때문이다.

유들은 설계 과정을 이렇게 회상한다. "사무실에서 설계 작업을 하던 때였어요. 어느 토요일에 눈뜨자마자 시작해 주말 내내 새로운 계획을 스케치했고, 월요일 아침에 모델을 만들었어요. 완성한 모델은 3m×6m 격자를 바탕으로 리듬이 길어졌다 짧아졌다 하는 단순한 다이어그램이었죠.

주요 공간들은 저마다 삼면 혹은 사면 모두 외부 조망이 가능하며 가뭄에 강한 자생식물을 심은 정원 쪽으로도 개방된다. 모든 방이 야외 생활공간 역할을 하는 마당으로 연결된다.

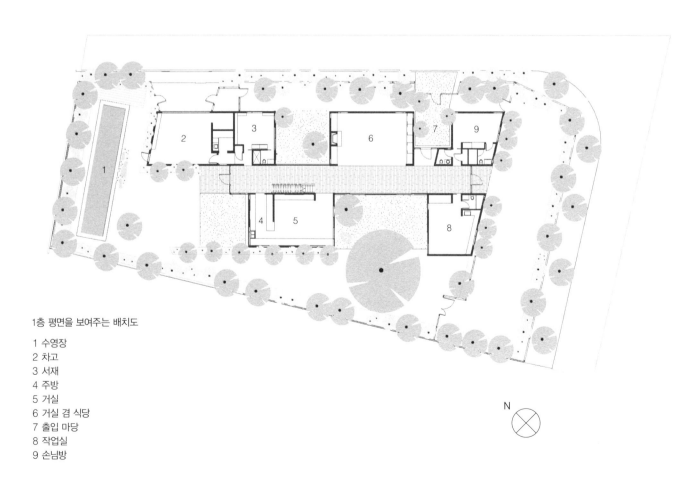

1층 평면을 보여주는 배치도

1 수영장
2 차고
3 서재
4 주방
5 거실
6 거실 겸 식당
7 출입 마당
8 작업실
9 손님방

N

실내 급탕, 수영장 및
복사 난방을 위한
태양열 온수 시스템

태양전지판을 통해 집과 지역
설비계통에 전력 공급

대류에 의한 환기

여름에는 참나무가 그늘을 만들고,
겨울에는 낙엽이 져 햇빛이 든다.

충분한 자연광

대류에 의한 환기

태양열 집열판을 통한
수영장 수온 조절

가뭄에 강한 식물 조경과
투수성 바닥 포장재

물 순환식
바닥 난방

빗물을 모으는 저수조

일부 관개 수요를
빗물로 충당한다.

평면상의 별난 모서리각들은 도시계획상의 필지선과 평행하게 그려 나온 겁니다. 내부에서 움직이는 방식에 따라 복잡성이 생기는데요, 정교한 비례로 계획된 직사각형 방들이 비스듬한 시선과 보완되어 운동감이 생깁니다. 알바 알토(Alvar Aalto, 1898-1976)가 파리 외곽에 설계한 메종 루이 카레(Maison Louis Carre)에서 영감을 받았습니다."

중앙 축선을 이루는 복도는 출입구에서 북쪽 끝 계단으로 갈수록 천장고가 높아진다. 이 계단 끝의 주인 침실과 유들의 모퉁이 서재는 나무 위의 집 같은 느낌을 풍긴다. 비비는 1층 출입구 옆에 화실을 두어 집의 나머지 부분과 독립시키길 원했다. 모든 주요 공간들은 삼면 혹은 사면 모두 외부 조망이 가능하고 가뭄에 강한 자생식물을 심은 정원 쪽으로 개방된다. 그리고 모든 방이 야외 생활공간 역할을 하는 마당으로 연결된다. 백 년 묵은 큼직한 영국산 참나무는 건강하게 자라 여름에 그늘을 드리우고 겨울에는 낙엽이 져 집 안으로 햇빛을 유입시킨다.

바다가 1.6km 이내에 있어서 1년 내내 기후가 온화하지만, 이곳은 소비하는 에너지를 스스로 생산하는 넷제로(net-zero) 주택을 지향하며 태양전지판과 태양열 온수난방 패널, 빗물을 모으는 저수조 등 다양한 자연 친화형 기술을 활용한다.

"이 집은 크지만 안 쓰는 부분은 하나도 없어요." 라고 비비는 말한다. 그녀는 이 집 설계의 전 과정에 관여하면서, 레이 임스(Ray Eames, 1912-1988)와 함께 일했을 때 익힌 색채감각을 활용했다. 그녀가 이 집에 도입한 활력 있고 섬세한 색조는 앞서 지은 집에 활기를 불어넣은 색조를 떠올리게 한다. 그녀는 이렇게 설명한다. "여기가 숲이 우거진 곳이어서 이 집도 유기적인 색깔로 채워져 따뜻한 느낌이 들었으면 했어요. 테라코타는 로마 시대 저택을 연상시키죠. (우리는 이탈리아를 자주 여행했어요.) 예전에 시랜치의 집에서 굴뚝용 벽토에 커피 찌꺼기를 섞었더니, 1년 동안 좋은 향기가 났어요. 여기서도 다른 커피 브랜드로 표본 시험을 했는데 흰색이 나오는 거예요. 그래서 찻잎을 넣어보니 호피무늬처럼 얼룩덜룩해지더군요. 또 다른 나뭇잎을 썼을 땐 털무늬가 생겼어요. 결국 약간의 찻잎으로 몇 가지 빛깔을 시도했답니다. 굴뚝을 세 번 칠했는데 매번 다른 색이 나오는 거 있죠. 벽토가 마른 뒤 나타나는 색을 확인할 때까지 1주일은 기다려봐야 합니다."

비비의 실험으로 시공사는 숱한 번거로움을 감내해야 했지만, 결과적으로 그럴 만한 가치가 있었다. 여성용 화장실의 한쪽 벽체는 연어 살색으로, 손님방은 파란색으로, 유들의 서재는 초록색을 칠했다. 다른 벽체들은 작업 과정이 좀 더 간단했는데, 쇠흙손으로 마감한 베네치아식 회반죽이 정확히 미색조를 띠었기 때문이다. 이 부부는 벌꿀 색조 프랑스 석회석의 포장공을 구하고자 오랫동안 수소문했고, 프랑스식 참나무 가구제작기법을 보완적으로 활용했다. 복도

천장에는 작은 구형의 조명들이 해파리처럼 매달려 공중에 떠 있다. 외팔보 구조에 강철 프레임의 참나무 디딤판들로 구성된 개방형 계단은 서재를 향해 올라가고, 서재에는 다락 같은 천장과 나무 그늘이 드리워지는 데크가 딸려 있으며, 주인 침실 옆의 드레스룸은 참나무 수납장들이 에워싸고 있다.

폐관한 이느 미술관에서 입수한 까치발식 벽 고정 테이블 2개, 포마이카(Formica) 그룹이 후원하는 한 전시회를 위해 유들이 디자인하고 신시내티의 로젠탈 현대미술센터(Rosenthal Contemporary Art Center)가 경매로 내놓은 복합 골조 의자 등을 가구로 갖추고 있다. 회화와 판화가 적절히 섞여 전시돼 있으며, 책장에는 장식용이 아니라 실제로 읽는 책들을 넣어두었다.

축선을 이루는 복도는
출입구에서 북쪽 끝 계단 쪽으로
갈수록 천장고가 높아진다(아래).
이 계단을 오르면 주인 침실에
이른다(옆면).

스밀리안 라딕
SMILJAN RADIĆ

'직각의 시'를 위한 집
HOUSE FOR THE POEM OF THE RIGHT ANGLE

칠레 빌체스
VILCHES, CHILE

콘크리트는 주로 육중하고 절제된 작업을 보여주는 칠레 건축가들이 매우 선호하는 재료다. 스밀리안 라딕은 그런 경향에서 벗어나 있는데, 그의 건축은 표현적일 뿐만 아니라 뭉우리돌 같은 자연 재료들을 적극적으로 활용한다. 르 코르뷔지에의 『직각의 시 (Poem of the Right Angle)』(1947-53)에 삽입된 석판화에서 영감을 받은 라딕은 산티아고의 자택에서 자동차로 3시간 반 거리에 있는 빌체스에 휴양 별장을 설계했다. 이 집은 알토스 데 리르카이 자연보호구역 근처에 있는 안데스 산기슭의 처가 소유 땅에 있다. 50평 넓이의 면적을 확보하기 위해 완만한 경사의 대지에 있는 참나무 묘목 중 여러 그루를 베어냈고, 그중 몇 그루는 안뜰에 다시 심었다.

라딕은 이렇게 말한다. "우리가 원한 건 집보다 쉼터였습니다. 풍경을 감상하기보다는 묵상하기 위한 곳이었죠. 새소리와 인근의 강물소리가 함께 들리는, 말하자면 주변에 뭐가 있는지 다 아니까 굳이 바라볼 필요가 없는 쉼터랄까요." 잘린 원통형으로 된 3개의 천창은 라틴아메리카 모더니즘의 대부 르 코르뷔지에의 영향을 받은 것으로, 코르뷔지에가 라 투레트 수도원과 피르미니 교회에 자연광을 들이려고 사용한 '빛의 대포(light cannon)'에서 유래한 것이다. 하지만 라딕에게 훨씬 더 큰 의미가 있던 건 『직각의 시』에 삽입된 석판화였다. 그는 이렇게 말한다. "쉼터와 인체를 연결해놓은 이미지가 참 좋았습니다. 강렬한 분위기가 느껴져서 책상 옆에 그 이미지를 걸어두었죠. 반듯하게 누운 한 남자의 손이 쉼터의 단순한 지붕을 이루고 있어요. 그의 몸이 바닥을 이루고 배경 속의 헐벗은 여인은 구름이 떠 있는 풍경을 묵상합니다. 그 모습이 실내의 어둠을 완화해줍니다."[5]

5) 르 코르뷔지에의 『직각의 시』에는 A부터 G까지 총 일곱 부분, 즉 A(환경) 5편, B(정신) 3편, C(육체) 5편, D(혼합) 1편, E(캐릭터) 3편, F(헌납) 1편, G(도구) 1편으로 총 19편의 시가 실려 있다. 모든 시 마다 하나의 이미지가 병치되는데, 라딕이 말하는 이미지는 C(육체) 부분의 두 번째 시와 병치된 것이다.

라딕은 콘크리트 시공 경험이
전무한 지역 인부들에게 조각적인
형태를 설명하려고 1/50 축척의
목제 모형을 만들었다.

예술가적 기질이 강한 라딕은 스케치를 계속해가며 자신의 아이디어를 개발했고, 뉴욕 현대미술관 건축분과에서 그의 스케치들을 사들였다. 그의 스케치는 프랭크 게리의 스케치처럼 추상화에 가까워, 점진적 현실화 과정을 거쳐야 비로소 시공 가능한 청사진으로 통합된다.

중장비 접근이 어려운 외딴곳이었기 때문에, 콘크리트 시공 경험이 없는 지역 인부들이 수작업으로 공사를 해야 했다. 라딕은 이 집의 조각적인 형태를 설명하기 위해 1/50 축척의 목제 모형을 만들어 착공 후 몇 주를 현장에서 보내며 인부들을 지도했다. 라딕에 따르면 그 형상은 보기보다 더 단순한 것이었지만, 인부들은 15개월이 지나서야 거푸집 골조를 완성할 수 있었다. 르 코르뷔지에의 마르세유 집합주거(Unité d'Habi-tation in Marseilles)에 사용된 거친 송판무늬

콘크리트는 인부들의 부정확한 마감 실력을 감안한 결과물이었지만, 훗날 르 코르뷔지에를 대표하는 재료가 되었다. 거친 송판무늬는 이 집에도 마치 그 땅에서 자라난 듯한 유기적인 특성을 부여한다.

라딕은 이 집을 활 모양의 선체와 깔때기 같은 천창 구조를 갖춘 보트 형상에 비유한다. 그는 콘크리트 배합물에 염료를 첨가할까 고민했지만, 칠레에서는 자외선이 너무 강해 색이 금방 바랬다. 외피를 하얗게 칠해봤지만 너무 튀어 보였기 때문에, 다시 검정으로 바꿔 풍경 속에 스며들게 했다. 이 집은 계절마다 성격이 달라지는데, 특히 가을에는 단풍이 들거나 건물의 예리한 윤곽선을 흐리는 안개가 끼고, 겨울에는 눈이 수북이 쌓이곤 한다. 라딕은 이 집을 숲속으로 확장하면서 같은 부지에 속한 다른 작은 구조물들과 연결하기 위해 자신의 트레이드마크인

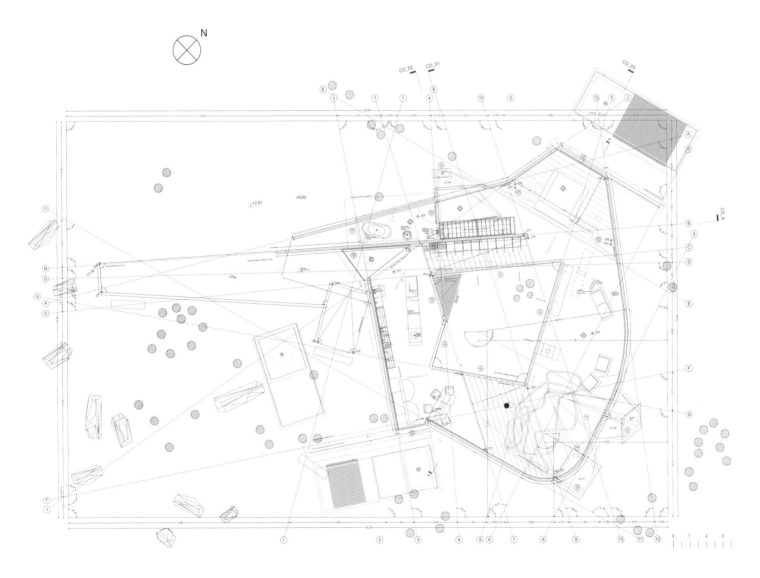

뭉우리돌을 활용했다. 인근의 채석장에서 300개의
바위를 가져와 석정원을 만든 것이다.

검은색 유광 콘크리트 경사로는 출입구에서 유리
벽체를 두른 안뜰 주위의 방으로 연결된다. 외벽에는
볼리비아산 삼나무를 배치해 좋은 향기가 나게 했고,
창문은 안쪽으로 개방해 맞통풍이 일어나게 했다.
라딕과 칠레의 예술가인 부인 마르셀라 코레(Marcela
Correa)는 여름밤에 열어둘 수 있는 창문 벽이 있는
방에 침대를 배치했다. 최대 7m 높이의 천창을 통해서

나뭇잎과 하늘을 볼 수 있고 거기로 유입된 햇빛이
바닥 위에서 듬성듬성 천천히 움직이는 걸 볼 수 있다.

천창 아래에는 코레아가 만든 산사나무 조각을
매달았는데, 이 조형물은 마치 숲에서 길을 잃은
나뭇가지가 침투해 들어온 듯한 느낌을 자아낸다.
그 모습이 신체를 연상시키는데, 라딕은 한적한
휴식이나 가족 모임을 위해 여기서 지내다 보면 마치
또 다른 누군가가 함께 사는 것 같다고 한다.

리처드 머피
RICHARD MURPHY

하트스트리트 하우스
HART STREET HOUSE

스코틀랜드 에든버러
EDINBURGH, SCOTLAND

비좁은 땅 위에 압축적으로 지은 집 한 채가 주변의 오래된 건물들과 잘 호응하며, 건축가가 참조한 풍부한 건축언어와 아이디어를 보여준다. 무려 아홉 단계의 수직적인 높이 변화가 일어나는 이 집을 건축가 글렌 머컷(Glenn Murcutt)은 루빅큐브에 비유했다.

에든버러의 신도심에는 1760년대에 지어진 위풍당당한 연립주택과 광장이 여럿 있으며, 모더니즘풍의 건물에 대해서는 깊은 회의감이 존재한다. 리처드 머피는 오래전부터 자기 집을 짓고 싶어 했고 20대에는 소박한 연립주택 한 채를 리모델링하기도 했다. 에든버러 구도심에 기획했던 프로젝트가 무산되자, 그는 한때 미국 의뢰인을 위해 설계했던 마구간 주택 한 채와 길 건너편의 또 다른 주택 한 채를 빌렸다. 그가 찾을 수 있던 유일한 나대지는 1820년대의 두 연립주택의 기존 정원 절반 크기에 해당하는 땅뿐이었다. 건축 가능 면적은 11m×6m로 협소한 규모였고, 옆집 지하층 주거의 일조권을 보장하려면 지붕을 가파른 외쪽지붕으로 지어야 했다.

스코틀랜드에서 25채의 집을 비롯한 큰 건물을 설계한 박식한 건축가 머피는 일생의 아이디어와 영향을 쏟아부은 이 프로젝트가 당국의 허가를 받는 것이 얼마나 어려운 일인지 알고 있었다. 그럼에도 그는 단념하지 않고 인접한 연립주택을 본 따 매끈한 마름돌을 톱니처럼 맞물려 쌓은 침실 3개짜리 집을 스케치했다. 그리고는 새로운 재료로 조형한 조적 구조를 마치 폐허처럼 보이게 처리했다. 머피는 이렇게 설명한다. "우리는 역사적인 건축물에도 똑같이 작업해왔습니다. 여기서는 돌이 낡았다는 게 관건이었죠. 제게는 일관된 건축 언어가 있습니다.

뚜렷하게 표현된 강철, 빛과 사생활 보호를 위한 유리블록, 태운 목재, 함석지붕 따위요. 그런 재료들은 서로 중첩하는 면을 형성합니다."

그는 이어서 말한다. "그리고 약간의 흥미요소도 부여했죠. 신도심에서는 입면밖에 보이지 않습니다. 하지만 모퉁이를 돌아보면, 벽체가 거친 돌로 이뤄져 있죠. 우리 프로젝트에서도 그런 일이 일어납니다. 마름돌 블록 사이의 그림자에 가려진 작은 개구부들이 책장 뒤에서는 좁은 창들을 형성하거든요. 전통적인 모퉁이돌은 두 줄마다 하나씩 낸 모서리 창으로 대체되고요." 이 집의 정점은 설계 규제가 약했던 1960년대에 증축된 이웃 연립주택의 미완성된 말단부와 볼품없는 망사르지붕을 책 버팀대처럼 마무리한 것이다. 영리하지만 엄격하고 장소의 혼 (genius loci)에 깊이 뿌리내린 이 독창적 설계를 역사나 시청 도시계획 부서는 승인하지 않았는데, 이것이 선례가 될까 우려했기 때문이다. 머피는 당국에 항의하려 했으나 몇몇 시의원들이 그를 지원하고 나섰고 놀랍게도 담당자들은 결정을 번복했다.

그러다 2008년에 경제 불황이 닥쳤고, 머피는 4년 넘게 이 집의 착공 자금을 마련하지 못했다. 이에 대해 그는 이렇게 말한다. "기다리는 게 상책이었죠. 이제 난 예순에 접어들었고, 또 다른 집을 설계하진 않을 테니까요. 무작정 달려들거나 묘안을 동원해 급히

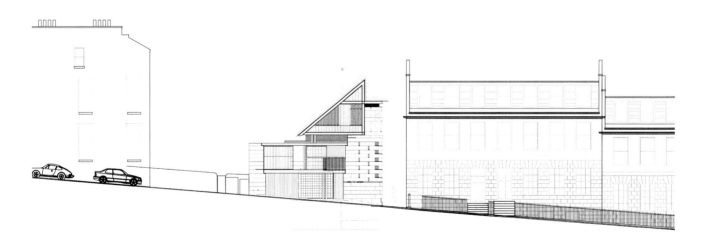

6) '라움(Raum)'이라는 독일어는 '공간'이나 '방' 등으로 번역되는데, 철학자 하이데거는 이 '라움'의 본질을 경계가 구획된 '장소'적 의미에서 찾는다. 로스의 '라움플란 (Raumplan)' 역시 다양한 높이차를 활용해 벽 없이도 방(room)을 구획하는데, 르 코르뷔지에의 '플랑 리브르(plan livre)'가 지향하는 자유로운 평면과는 대비된다. 플랑 리브르의 평면은 균질한 수평면이지만, 라움플란의 평면은 더 다양한 단면의 수직성과 결합한다.

집을 짓는 건 최악의 방법일 거예요. 한 집의 외피를 설계하기까지 무수히 많은 결정이 필요합니다. 그리고 이렇게 빠듯하게 계획된 집에서는, 어떤 요소 하나만 바꿔도 연쇄적인 도미노효과가 일어나죠." 영국 태생의 호주 건축가 글렌 머컷이 이 집을 방문해 체류했을 때, 그는 이 집을 선뜻 루빅큐브(Rubik's cube)라고 불렀다.

집의 실내는 아홉 단계의 높이로 구분되며, 반복되지 않는 수직 동선으로 이뤄졌다. 머피는 스코틀랜드 타워 하우스의 계단과 아돌프 로스(Adolf Loos,

1870-1933)가 프라하 외곽에 설계한 밀러 주택의 '라움플란(Raumplan)'⁶⁾에서 영감을 받았다. 또 다른 영감의 원천도 분명하게 드러난다. 카를로 스카르파 (Carlo Scarpa, 1906-1978)를 좋아하는 머피의 취향은 거리 쪽 입면과 타일로 포장된 옥상 테라스에 나타나는데 이는 베네치아의 퀘리니 스탐팔리아 (Querini Stampalia) 저택에 대한 오마주이다. 존 소온 경(Sir John Soane, 1753-1837)이 활용했던 방식처럼 거울을 사용해 비좁은 공간을 넓어 보이게 했다. 하지만 이 모든 게 머피의 건축언어로 표현되었고, 유희적이면서도 근거 없이 산만해지지 않았다.

지하층과 1층 평면도(윗줄),
2층과 3층 평면도(아랫줄)

1 창고/기계실
2 통나무 창고
3 침실
4 다용도실
5 현관
6 서재
7 옥상 테라스
8 거실
9 주방
10 식당

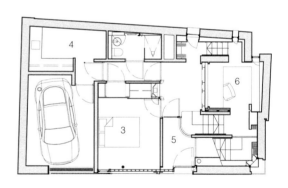

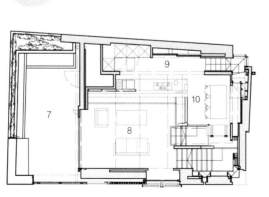

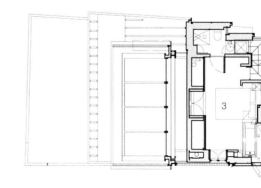

위쪽으로 열리는 기계식 셔터는 산들바람을 유입시키고 거실(옆면)과 주인 침실(아래)의 더운 공기를 배출한다. 안뜰의 금빛 타일(41쪽 위 오른쪽)은 카를로 스카르파가 리모델링한 베네치아의 퀘리니 스탐팔리아 저택 설계 작업에 바치는 일종의 헌사다.

네덜란드 건축가 알도 반 아이크(Aldo van Eyck, 1918-1999)는 주택이 새의 둥지이자 동굴이어야 한다고 말했다. 머피는 어두운 겨울부터 자정에도 밝은 여름에 이르기까지, 계절마다 그의 집이 다른 특성을 갖게 되길 원했다. 그의 웹사이트에 올라온 한 영상은 그가 덮개를 열고 셔터를 밀면서 이 집이 아늑하게 에워싸이거나 천장이 열리는 역동적인 사물로 진화되는 모습을 보여준다. 이 집은 에너지를 보존하며 영혼을 살찌운다. 단열 처리된 대형의 기계식 셔터가 거실과 주인 침실에 하나씩 총 두 개 있는데, 위쪽으로 열려 산들바람을 유입시키고 실내의 더운 공기를 배출한다. 지열을 이용한 우물로 바닥 하부를

난방하고, 전산화된 공기순환 시스템으로 집 상층부의 더운 공기를 모아 지하실로 내려보내며, 지하실에 모인 더운 공기가 저녁에 실내를 데워준다.

하트스트리트 하우스는 지금껏 여러 상을 수상했는데, 2016년에는 영국왕립건축가협회(RIBA)가 선정하는 '올해의 집'에 뽑혔다. 머피는 그런 세간의 주목에 만족하며 수상 이후 더 많은 의뢰를 받게 되리라고 생각했지만, 그보다 훨씬 더 만족스러웠던 건 이 집이 주는 감각적인 즐거움이었다. 그의 말에 따르면 "앞으로 많은 걸 바꾸진 않겠지만, 차후 20년간 작은 것들 몇 가지를 더 세련되게 바꿀 것"이다.

제니퍼 베닝필드
JENNIFER BENINGFIELD

스와르트베르흐 하우스
SWARTBERG HOUSE

남아프리카공화국 프린스 앨버트
PRINCE ALBERT, SOUTH AFRICA

런던에서 집짓기란 거의 몸에 꽉 끼는 구속복을 입고 춤추는 것만큼 어렵다. 모든 조치 하나하나가 엄격한 규제를 받고, 치솟는 부동산 가격은 대부분의 신축 건물을 큰 규모로 계획하지 못하게 만든다. 제니퍼 베닝필드는 2006년에 오픈스튜디오 아키텍츠를 설립하고 지금까지 그런 여러 제약 속에서 작업해왔다. 그동안 약 40채의 집과 아파트를 설계했으며 출판업자인 남편 데이비드 젠킨스와 작은 아파트에서 함께 살고 있다. 부부는 융자를 받아 베닝필드의 모국 남아프리카공화국에 별장을 지을 기회를 얻었는데, 아무것도 없는 빈 땅에서 거의 무제한의 창조적 자유를 얻은 셈이었다.

대지는 반사막지대인 카루 외곽의 소도시 프린스 앨버트(케이프타운에서 400km 떨어진)와 유네스코 세계유산인 스와르트베르흐[7] 산악도로(Swartberg Pass) 사이에 위치한다. 베닝필드와 남편은 이 지역에서 몇 차례 휴가를 보냈는데 마침내 소도시 바로 밖에 있는 2만m^2의 농지를 살 수 있었다. 뭘 지을까 논의하던 차에, 베닝필드는 자신의 희망

사항을 나열했다. "타워 하나. 별을 감상할 수 있는 테라스. 정원 속의 긴 수영장. 성당 공간. 안과 밖의 모호함. 재미있을 것. 낯선 스케일. 오브제가 아닐 것." 이 암호 같은 체크리스트는 집주인들의 다양한 요구를 충족하면서도 물리적 · 기후적 환경과 유기적으로 어울리는 집을 짓기 위해서, 개념 스케치와 평면도 만큼이나 중요한 존재가 되었다.

집짓기의 첫 번째 원칙은 농장과 포도밭이 펼쳐지고 지평선이 넘실대는 아름다운 풍경을 존중하는 것이었다. 베닝필드는 이렇게 회상한다. "이 집은 상자들이 줄줄이 엮인 형태로 출발했어요. 하지만 산맥 앞에서 긴 수평선을 그리는 단순한 형태를 원한 게 아니라, 통합된 전체 속에 다양한 부피감과 공간감을 담고 싶었죠. 모든 공간은 강력한 정체성을 띠었지만, 각각의 요소들을 이리저리 움직여보고 비밀스러운 안뜰 계획도 고려하면서 다양한 모양이 나왔어요. 최종안에서는 특정한 광경들을 화폭에 담듯 방들의 방향을 맞췄습니다."

[7] '검은색'을 뜻하는 아프리칸스어 '스와르트(swart)'와 '산'을 뜻하는 독일어 '베르크(berg)'의 합성어로, '검은색 산'을 뜻한다. 아프리칸스어는 네덜란드어 발음에 가까워 '스와르트베르흐'로 발음한다.

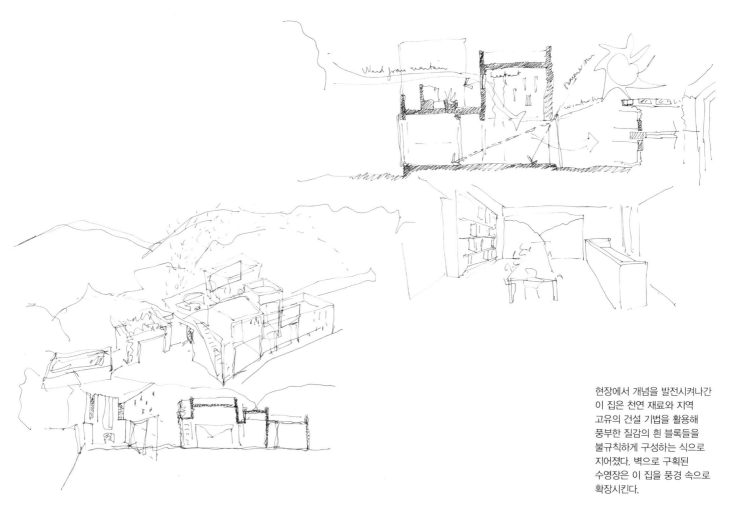

현장에서 개념을 발전시켜나간
이 집은 천연 재료와 지역
고유의 건설 기법을 활용해
풍부한 질감의 흰 블록들을
불규칙하게 구성하는 식으로
지어졌다. 벽으로 구획된
수영장은 이 집을 풍경 속으로
확장시킨다.

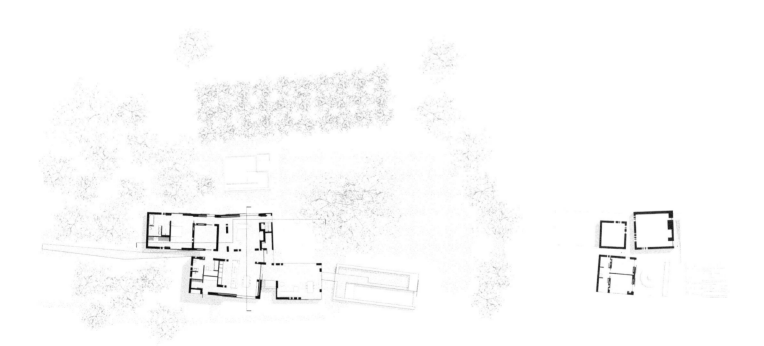

거실(옆면)은 빛이 가득한 5.7m 길이의 입방체이며, 주인 침실 (오른쪽)은 동굴 같은 분위기다. 끊임없이 변하는 스케일과 천장 높이가 집에 역동성을 부여한다.

8) 웃손은 스페인의 마요르카 섬에 두 채의 별장을 지었다. 첫 번째는 1971년에 완공한 칸 리스(Can Lis) 이고 두 번째는 1994년에 완공한 칸 펠리스(Can Feliz)인데, 두 집 모두 해당 지역의 사암을 활용해 지었다.

그녀의 설명이 이어진다. "대지의 현황과 지역 고유의 집짓기 방식에서 개념을 발전시켰어요. 제가 런던에서 당연하게 쓰던 정교한 기술과 정밀한 디테일 따위를 들여오기에는 거리가 너무 멀었거든요. 예를 들어 여기서는 평탄한 미장 벽체를 만들어낼 수 없어요." 이웃 주민 중에는 야심 찬 계획을 세웠다가 결국 안 좋게 끝난 사례도 있었다. 베닝필드는 지역 고유의 벽돌로 지은 내력벽들의 안팎을 모두 석회도료 (limewash)로 마감해 거친 질감을 내고 들보는 콘크리트를 채워 굳히는 방식을 택했다. 그녀는 예른 웃손(Jørn Utzon, 1918-2008)이 은퇴 후 살 집으로 마요르카 섬에 지은 첫 번째 석벽 별장[8]과 건축가 마이클 서튼(Michael Sutton)이 1960년대에 요하네스버그에 지은 집들에서 영감을 받았다.

두터운 중공(中空) 벽체와 다양한 형태의 개구부는 극한의 기온과 덥고 건조한 바람을 고려한 것이다.

날씨가 온화할 때나 야간에는 집의 삼면을 개방하고 창이 없는 서쪽 벽체만 햇빛을 막게 남겨둘 수 있다. 여름철의 뜨거운 날씨에는 창문과 외부 차양을 닫아 집을 시원한 온도로 유지하고, 겨울철에는 햇빛이 낮은 각도로 유입돼 집의 바닥을 데우고 열을 저장한다. 그 결과 이 집은 계절마다 성격이 달라지고, 거주자들은 주변에서 일어나는 변화를 더 잘 알아차려서 주변 환경에 더 적극적으로 관여할 수 있게 된다.

"너무 빠듯하게 설계하면 우연적 사건이 일어날 여지가 사라지게 됩니다."라고 베닝필드는 말한다. "저는 너무 통제되거나 편안하기만 한 집을 원하지 않았어요. 색다른 행위가 일어날 수 있는 느슨함을 원했죠. 단순하지만, 사람들이 즐거움을 느낄 만한 복잡한 켜가 있는 느슨함이요."

"저는 너무 통제되거나 편안하기만 한 집을 원하지
않았어요. 색다른 행위가 일어날 수 있는
느슨함을 원했죠. 단순하지만, 사람들이 즐거움을
느낄 만한 복잡한 켜가 있는 느슨함이요."

제니퍼 베닝필드

이 집은 베닝필드의 바람을 모두 실현해냈을 뿐만
아니라, 한때 포스터 앤 파트너스 사무소에서
일하며 비평가 역할을 했던 남편의 실용적인 관심사도
반영됐다. 8m라는 법규상 높이 제한 때문에 타워는
만들 수 없었지만, 작은 딸의 침실은 별들로 수놓인
밤하늘과 아주 가깝게 느껴지고 부부는 옥상 테라스와
그곳의 화덕 앞에서 별을 감상할 수 있다. 수영장은
돌담과 수풀로 둘러싸여 있다. 거실은 5.7m 길이의
입방체로서, 널찍한 비례로 계획된 다른 방들로
연결되는 성당 같은 공간이다. 좁은 창들을 통해
유입되는 빛이 흰 벽, 벽돌 바닥, 물푸레나무로 짠
가구 위에 드리운다.

방마다 스케일이 달라지고, 빛과 그림자가 바뀌며
셔터를 열면 저 멀리 산봉우리와 풍차가 보이고,
한 그루 나무 뒤로 하늘만 보이는 등 놀라운 장면이
끊임없이 펼쳐진다. 촘촘한 화폭 속에 담긴 자연
풍경이 흡사 예술 작품처럼 다가온다.

베닝필드가 모국의 땅을 다시 찾도록 이끈 어떤
환희의 감정은 그녀의 예술적 열정과 건축에 대한
애정을 새롭게 되살렸다. 그리고 이 집에 묵으러 오는
친구들도, 집주인 부부가 집을 비울 때 이곳을 빌리는
외부인들도, 그런 기쁨을 똑같이 경험한다.

톰 메인
THOM MAYNE

노호
NOHO

미국 로스앤젤레스
LOS ANGELES, USA

톰 메인은 모포시스(Morphosis) 건축사무소를
공동 창립한 이후로 줄곧 복잡성을 즐겨왔다. 그는
쉴 새 없이 빠르게 자신의 영화를 분석하는 마틴
스콜세지 감독과 비슷한 속도로 자신의 건축에 대해
이야기한다. 그의 말을 따라잡기가 결코 쉽지 않지만,
그의 건축물들이 풍기는 대담한 제스처는 어김없이
흥미롭다.

모포시스는 도발적인 건축 구조를 설계하기로
유명하지만, 메인의 자택은 의외로 경사진 모퉁이
부지에 반쯤 묻힌 수수께끼 같은 구조물이다. 메인은
이 집을 가리켜 '노 하우스(No House)'의 준말인
'노호(NOHO)'라고 불렀는데, 조경 식재를 촘촘히
해서 길거리에서 집이 보이지 않고 이웃 주민들의
눈에도 띄지 않기 때문이다. 북쪽은 분홍색
부겐빌레아[9]가 옹벽을 덮고 있으며, 서쪽은 울타리가
집을 가리고 있고, 동쪽은 죽 늘어선 올리브나무들이
안뜰과 계단식 허브정원 위로 솟아있다. 남쪽은
대왕야자나무가 가로수를 이루며 그늘을 드리우고
집주인의 사생활을 보호한다.

[9] 남아메리카 원산의 덩굴성 관목

이 대지에 한때 미국 작가 레이 브래드버리(Ray
Bradbury, 1920-2012)가 살던 집이 있었기 때문에,
그의 말을 인용해 강철 대문에 레이저로 새겨
기념했다. 문구가 새겨진 대문은 목제 브리지 쪽으로
열리고, 그 밑에는 좁고 긴 수영장이 가로지른다.
자동 미닫이 유리문을 열면 지하 거실로 내려갈
수 있는데, 여기서는 그늘지지 않은 빛나는 낙원의
풍경이 펼쳐진다. 매입형 미닫이 유리문은 수영장과
정원 안뜰을 향해 열리고, 삼면과 상부에서 빛이
흘러들어온다. 바닥에 턱이 없어 휠체어도 불편 없이
드나들 수 있으며, 실내의 문이라고는 손님 욕실에
달린 문이 전부다.

이 집은 탁월한 조망과 빈 공간으로 이뤄져 있다.
동서 방향으로 긴 축선이 형성돼 있고, 와인저장실과
외팔보 구조의 객실부 사이에는 총 다섯 번의 높이
변화가 있다. 벽을 감싼 $230m^2$의 공간은 허용된
용적률의 18%에 불과하다. 이는 캘리포니아 남부의
공동체적 성격을 깨뜨리는 거대 저택들에 한참 못
미치는 수준이지만, 그럼에도 이 집은 바쁘게 사는
전문직 부부의 필요와 욕구를 정확하게 반영했다.

브리지는 수영장 위를 가로질러 유리 미닫이 출입문에 이른다 (앞면). 풍성한 식재가 주변보다 낮은 앞마당을 채우고(위 왼쪽), 한때 이곳에 살았던 레이 브래드버리를 기리는 문구가 코르텐 강철 대문에 레이저로 새겨져 있다(위 오른쪽).

톰과 블라이드 메인 부부는 결혼하자마자 산타모니카 해변 마을의 작은 주택 한 채를 리모델링해 그곳에서 두 아들을 길렀다. 톰은 이렇게 설명한다. "34년 동안 살았던 그 집과 그곳을 채운 모든 것들은 어떤 균형을 갖추고 있었죠. 이제 두 아들이 독립했으니, 이 집에도 그런 특색을 부여하려고요. 정원 속에 샤워장을 두고, 블라이드가 목욕하는 동안 함께 수다를 떨 수 있게 욕조 옆에 붙박이 의자도 설치하고요. 그야말로 가정의 일상을 의례화한 겁니다."

영감의 원천은 멕시코 시골 지역의 휴양지였다. 그곳에서는 캘리포니아 남부보다 훨씬 더 많은 시간을 야외에서 보낸다. 메인은 풋내기 건축가 시절에 로마의 르네상스 시대 건물이자 큰 정원이 있는 수수하고 품격 있는 건물인 빌라 줄리아(Villa Giulia)에서 깊은 인상을 받았다. 또한 로스앤젤레스에 있는 레이 카프(Ray Kappe)의 집(168쪽 참조)도 흥미로웠다. 그는 이렇게 말한다. "처음부터 외부 시선을 막는 조경을 극대화하고 싶었습니다. 땅을 파내고 조각하는 게 첫 번째 단계였죠. 그리고는 집을 계속 더 낮은 위치로 내려서 지하 건축면적을 키웠어요. 이 대지의 가장 깊고 외딴 구석에 가장 크고 가벼운 공간을 두었죠. 이 모든 건 고전적 균형과는 반대되는 것으로서 연결성을 추구한 결과입니다. 저는 파격적인 대비와 갈등, 그리고 예기치 않은 사건이라는 설계 개념을 정말 좋아하거든요."

평면도(오른쪽, 위부터):
지하층, 1층, 2층, 객실부와 지붕층

1 기계실
2 와인저장실
3 수영장
4 작업실
5 차고
6 욕실
7 대문
8 주방
9 식당
10 야외 취사장
11 야외 샤워장
12 침실
13 서재
14 공동실

(아래) 장축방향 단면도, 그리고
건축가의 초기 주택 스케치 중 하나

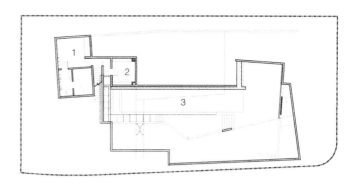

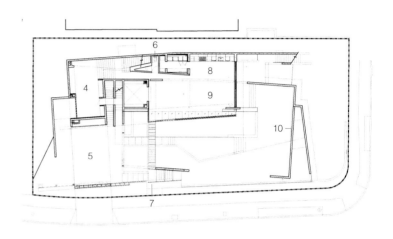

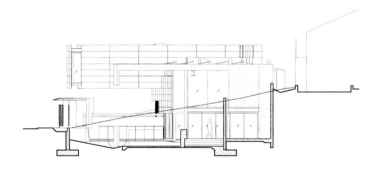

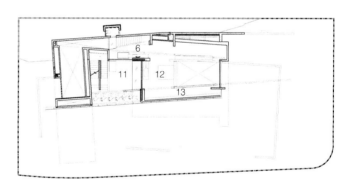

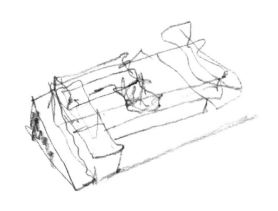

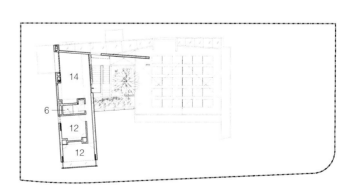

우거진 나무들이 외부
시선으로부터 집을 가려준다
(옆면). 거실(오른쪽) 위에 침실
영역이 있고, 오를수록 폭이
좁아지는 계단에는 천창을
통과한 빛이 내리쬔다(아래).

우거진 나무들이 외부
시선으로부터 집을 가려준다
(옆면). 거실(오른쪽) 위에 침실
영역이 있고, 오를수록 폭이
좁아지는 계단에는 천창을
통과한 빛이 내리쬔다(아래).

강철 난간과 벤치(옆면)와 노천 욕조(왼쪽)가 마주 보고 있다.

이 집의 또 다른 특색은 사용된 재료들에 있다. 평평한 원판들의 기울기가 점진적으로 변화하며 빛을 모으는 초록색 알루미늄 외장 패널들은 뉴욕의 코넬대학교 공대 캠퍼스에 있는 모포시스의 건물에서 차용한 것이다. 미송합판으로 만든 천장은 구멍 뚫린 패턴 뒤로 발광다이오드(LED)와 스프링클러 및 스피커를 장착하고 있을 뿐만 아니라, 노출 콘크리트로 이뤄진 벽체와 바닥에 따뜻한 느낌을 더해준다. 전등 스위치는 벽판 속 개구부 뒤쪽에 숨겨두었고, 이 모든 디테일을 세심하게 설계했다.

금속세공 장인 톰 패리지(Tom Farrage)가 난로를 비롯해 중2층 침실 영역과 침대머리 판자를 지탱하는 부벽에 이르기까지, 이 집의 기능적인 강철 조각품들을 제작해주었다. 바닥은 복사 난방이 이뤄지고, 집 전체에서 맞통풍이 일어나 냉각 효과가 발생한다. 에너지 소비량만큼 자체 생산하는 넷제로 건물을 목표로 한 만큼, 태양전지판을 옥상에 설치하고 중수(中水, gray water)[10]를 재활용하는 동시에 열을 비축하는 건축 재료를 활용했다.

블라이드는 이렇게 얘기한다. "집주인의 반대 의견이 보태져야 비로소 집이 영혼을 갖게 되지요. 저는 남편의 설계도면에 아무것도 덧붙이지 않아요. 다만 그 느낌을 얘기할 뿐이에요. 주방은 우리 가족이 모이는 곳이죠. 톰은 처음에 선형적인 공간을 설계했는데, 저는 그건 아니라고 얘기했어요. 그래서 계획이 완전히 바뀌었어요. 저는 손님 샤워장에 지붕을 여닫을 수 있는 천창을 쓰자고 했죠. 대부분 열어두고, 비가 오면 비 맞으며 샤워할 수 있게 말이죠. 우리는 그렇게 하거든요."

개방적이되 압축적이고, 원초적이되 쾌락주의적인 이 집은 캘리포니아 남부의 도시 생활을 위한 모델이다. 60년 전 케이스 스터디 주택들(Case Study Houses)[11]이 그랬듯이 말이다.

10) 가정에서 나오는 생활하수 중 변기를 통해 나가는 배설물을 제외한 모든 하수

11) 미국 건축 잡지 『아츠 앤 아키텍처(Arts & Architecture)』의 후원으로 리하르트 노이트라, 에로 사리넨, 찰스 임스 등 당시의 유능한 건축가들이 참여해 새로운 주택 모델을 탐구한 사례 연구 프로젝트. 제2차 세계대전이 끝난 후 미국에서 일어난 주택 수요가 이 프로젝트의 배경이었으며, 1945년부터 1966년까지 진행되었다(160쪽 참조).

존 워들
JOHN WARDLE

양털깎이 숙소
SHEARERS' QUARTERS

호주 브루니 섬
BRUNY ISLAND, AUSTRALIA

호주인들이 대개 그렇듯이, 존 워들도 땅에 대한 애착이 깊다. 바로 그런 성향 때문에 그는 바쁘게 돌아가는 멜버른 사무소의 일과에서 벗어나 조용히 쉴 만한 거처를 찾고 싶어 했다. 유년 시절 태즈메이니아 섬에서 떨어진 좁고 긴 브루니 섬을 찾았을 때를 떠올린 그는 그곳에 거점을 마련해보기로 했다. 워들과 수잔 부부는 2002년에 440만m^2 넓이의 양목장을 비롯해 1840년대에 제임스 켈리 선장 (Captain James Kelly, 1791-1859)[12]이 지은 오두막 하나를 사들였다.

그로부터 10년간, 부부는 주말과 방학이면 켈리의 오두막에 머무르며 나무를 심고 조경을 가꿨다. 그곳은 이 가족에게 흡족한 공간이었지만 손님들이 쓸 만한 공간은 거의 없었다. 특히 1년에 한 번씩 2주간 양털깎이들과 숙소를 공유할 때면 더욱 그랬다. 워들은 오두막을 예전대로 복원하려면 오랜 시간이 걸린다는 것을 알고 있었기에 1980년대에 불타버린 양털깎이

헛간 부지에 가족과 친구들을 위한 130m^2 규모의 두 번째 집을 짓기로 했다.

워들은 이렇게 말한다. "집을 오랫동안 짓기에는 사정이 여의치 않았기 때문에, 사전에 충분한 시간을 할애해 대지를 연구하고 해야 할 작업을 생각했어요. 한때 이곳에 있던 건물을 상상해봤는데, 농가에 흔한 두 종류의 지붕 형태인 (단일 구배의) 좁은 달개지붕과 폭넓은 박공지붕이 떠올랐어요. 거기서 매력적인 형상이 만들어졌는데요, 단순해 보이지만 놀랍도록 복잡한 모양이죠."

워들은 계획 도면을 작성하고 건축 허가를 받은 후 마지막 순간에, 배치를 4m 이동시켜 실내에 삽입된 베란다를 기존 오두막 베란다 및 대지 남쪽 비탈과 정렬시켰다. 해안과 농지의 광경을 화폭처럼 담아낼 실내와 야외의 회합 장소를 조성하기 위해서였다.

12) 어릴 적부터 뱃일을 한 켈리는 1829년부터 고래잡이에 본격적으로 뛰어들었다. 하지만 1830년대 아내와 두 아들이 죽고 자신의 배가 난파되거나 공격당하는 등 연이은 악재를 겪으며 우울증을 겪는다.

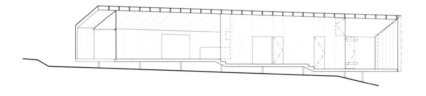

재활용한 목재와 파형 아연도금 철판으로 지은 믿기 어려울 정도로 단순한 이 보금자리는 호주의 농가주택 양식을 활용하고 있지만, 그 배치와 기하학적 형태는 세심하게 계산된 것이다. 가족과 친구들을 위한 이 별장은 1년에 2주간 양털깎이들이 묵는 숙소가 된다.

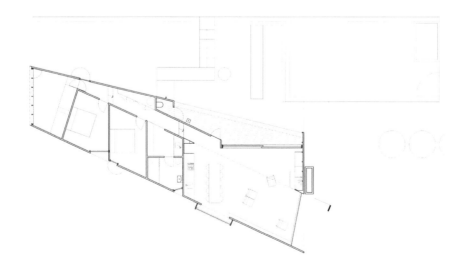

N

이러한 기본 개념을 바탕으로 워들은 촉각적이고
정밀한 규모의 집 하나를 설계했고, 이 집은 더 큰
규모의 어떤 프로젝트보다 더 많은 상을 탔다. 그는
이렇게 말한다. "건설업자에게 이 집은 하나의
도전이었지만, 운 좋게도 제가 건물주이기도 해서
충분한 시간을 가질 수 있었어요. 그리고 우리에겐
미술 학위가 있는 탁월한 목수도 한 명 있었죠."
가는 강철 나선형 말뚝으로 땅에서 집을 평균 60cm
정도 위로 띄웠기에, 기초가 별달리 필요 없었다.
목골 구조는 호주 어디에나 흔한 재료인 파형
아연도금 철판으로 덮었는데, 글렌 머컷은 이 재료를
예술성을 담아 사용한 바 있다.

널찍한 거실의 모든 창문과 문, 벽, 가구를 7m 격자에
맞추고, 침실 두 개와 2층 침대가 놓인 공간 한 개를
구성했다. 실내는 대부분 옛 전원 방풍림에서 가져온
코울터소나무 가로재로 줄줄이 마감했다. 바닥은

노란색 유칼리나무로 마감했으며, 침실에는 사과
상자에 쓰인 목재들을 이어 붙였다. 이 제재목들은
1970년대에 폐업한 과수원의 창고 헛간에 쌓여
있다가 워들의 눈에 띈 것이다. 옛 수제 점토 벽돌로
지어진 굴뚝은 오두막 바깥에 있던 세 개의 굴뚝을
떠올리게 한다.

재료를 재활용함으로써 지속가능한 방식의 집짓기를
실천했으며, 낮은 대지에 위치한 집은 주변에 부는
탁월풍의 영향에서 벗어나 있다. 여닫을 수 있는
환기구와 미늘살을 개방하면 바람길이 형성돼
여름철에 맞통풍이 일어나고, 이중 유리와 고성능
단열재는 겨울철에 열 손실을 줄여준다. 빗물을 모아
식수로 쓰고 화장실과 샤워장에 공급하며, 하수는
현장에서 처리해 자생 수종을 식재할 때 공급하는
물로 쓰인다. 태양열을 이용해 물을 데우며, 추운
계절을 대비해 장작을 때는 난로를 갖추었다.

이 집은 감각을 일깨우고 풍경과 조화를 이루며
대지의 역사를 이어간다. 일과를 마치고 모두가
식탁에 모이면 언덕 꼭대기에 있는 양털 깎는 헛간이
내다보인다. 핀란드 건축가 유하니 팔라스마(Juhani
Pallasmaa, 1936-)는 이 집에 머물러 왔다가 생생한
존재감이 느껴지는 목재 냄새와 질감에 기뻐했다.
이 집에 드는 빛은 시적 효과를 자아낸다. 특히 해 질
녘이 아름다운데, 어둑해지기 전의 마지막 햇빛이
폭넓은 개구부들을 통과해 실내의 목재를 금빛으로
적신다. 실내 음향 조건이 아주 좋아서 거실에서
실내악 연주회를 여는 등 공연장으로도 손색없다.

이 집까지 오려면 멜버른에서 비행기를 타고
호바트까지 가서 45분간 케터링까지 운전한 다음,
30분간 나룻배를 타고 브루니 섬으로 들어간 후 또
30분간 운전해야 한다. 관리자가 상주하며 1년 내내
농장을 관리하지만, 위들은 한 달에 적어도 한 번,
여름철에는 더 자주 가족을 데리고 찾아온다. 그는
매년 사내 수련회 때 이곳으로 직원들을 초대하는데,
2년 전에는 전문 벌목공과 수목재배가, 석공장인,
목수와 함께 일련의 설치미술 작업을 했다. 위들은
이렇게 말한다. "여기서 보내는 시간은 정말 즐거워요.
앞으로 해나갈 건축 프로젝트에 활용할 수작업 기법의
진가를 파악하는 시간이라고나 할까요."

한스 반헤이스베이크
HANS VAN HEESWIJK

리테일란트 하우스
RIETEILAND HOUSE

네덜란드 암스테르담
AMSTERDAM, THE NETHERLANDS

"빛과 조망을 최대한 누릴 수 있고 가능한 한 널찍한 집을 원했다"라고 네덜란드 건축가 한스 반 헤이스베이크는 말한다. 그는 25년 전에 암스테르담 남부의 아파트 건물 한 채를 리모델링했고, 그곳에서 계속 살 수도 있었다. 하지만 그의 새 부인 나타샤 드라베(Natascha Drabbe)는 그 집이 답답하리만치 어둡다고 여겼고, 어린 시절 네덜란드의 반 스헤인딜(van Schijndel) 하우스(172쪽 참조)에서 살았던 때를 회상하며 더 개방적인 느낌을 원했다.

기회는 머지않아 생겨났다. 암스테르담 동쪽 주거 지구인 에이뷔르흐의 여러 인공 섬 중 하나인 리테일란트에 위치한 대지가 경매 물건으로 나왔고, 부부는 그곳에 건물을 지은 첫 번째 집주인이 됐다. 암스테르담시는 신축 개발단지에 도시의 역사 유산을 보존하면서 현대 건축을 지을 것을 요구했고, 건축가의 개성이 드러나는 자유로운 표현을 허용했다.

한스는 르 코르뷔지에의 시트로앵 주택이나 임스 부부의 주택에서 볼 수 있는, 단순하면서도 방 높이가 다양한 주거에 대한 환상을 품어왔다. 그는 거리에 면한 입면을 타공 알루미늄 패널로 마감해 행인들의 시선을 차단하고 나머지 삼면을 개방한 3층짜리 정육면체를 재빨리 스케치했다. 베네치아식 블라인드를 내려 유리벽을 투과하는 빛을 차단할 수 있는, 단열이 잘되는 집이었다. 3층은 일부를 잘라내 물이 내다보이는 테라스를 마련했고, 서쪽으로는 공공 공원이 위치한다. 이 집은 사계절에 모두 어울린다. 비바람이 칠 때와 심야에는 아늑한 안식처가 되고, 해가 비칠 땐 빛과 그늘의 움직임이 패턴을 그리는 캔버스가 되며, 미닫이 유리벽을 열면 거대한 정자 같은 구조가 된다. 드라베는 말한다. "다소 엄격해 보이는 정면 출입구만 본 사람들은 여기가 발전소냐고 물어봐요. 하지만 다른 입면들을 보고 나면 우리가 틀림없이 쇼윈도 뒤에 살고 있다고 생각하죠."

베네치아식 블라인드를 내려 유리벽을 투과하는 빛을 차단할 수 있는, 단열이 잘되는 집이다. 3층 일부를 잘라내 물이 내다보이는 테라스를 마련했다. 거실에서는 집의 전체 높이를 확인할 수 있다.

미닫이 유리벽을 열면 집이
거대한 정자 같은 구조(옆면)로
변신한다. 침실은 1개 층, 거실과
주방/식당은 2개 층, 계단은 3개
층의 높이를 차지한다. 중앙 계단
발치에서 올려다보면, 상기한
세 가지 레벨(위)을 한꺼번에
확인할 수 있다.

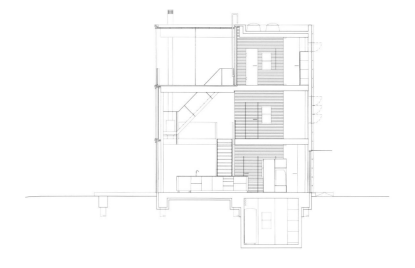

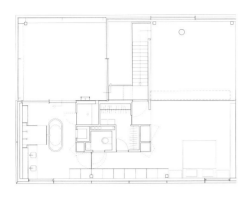

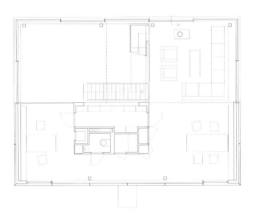

(왼쪽 아래부터)
1층, 2층, 3층 평면도

반사 유리와 야간 블라인드는 집주인들이 이 조용한
주거지역에서 원하는 모든 프라이버시를 제공한다.
아마도 창문이 드넓은 혁신적 건물에 살았던 17세기
암스테르담 상인들에게도 이런 게 필요했는지 모른다.

한스는 이렇게 말한다. "전통적인 집에서는 서로
분리된 방들이 복도 쪽으로 열리는 형태지만,
여기서는 모든 게 열려 있어서 공간의 궁극적인 질이
보장돼요. 가능한 한 내벽을 많이 없애서 연속적인
흐름을 만들고 내부에 갇히는 느낌이 발생하지 않게
했죠. 그리고 공간이 다양하길 원했습니다. 그래서
주방/식당 구역은 2개 층 높이로, 계단은 3개 층,
거실은 2개 층, 침실은 1개 층 높이로 설계하는 등
높이를 늘렸다 줄였다 하면서 여유가 느껴지는 집을
만들고자 했어요. 먹고, 쉬고, 즐기고, 잠자는 우리의
일상을 중심으로 한 설계였죠."

그의 설명이 이어진다. "붙박이 가구부터 문손잡이에
이르기까지 이 집의 모든 요소를 기능적인 예술품으로
만들었습니다. 꼭 그럴 필요는 없었지만, 정말
재미있는 작업이었죠. 르 코르뷔지에의 프티 콩포르
(Petit Confort) 안락의자, 헤리트 리트벨트(Gerrit
Rietveld, 1888-1964)의 지그재그(Zig-Zag) 의자,
임스 알루미늄 그룹(Eames Aluminum Group)같이
인기 있는 가구를 조각품처럼 전략적으로 배치했으니,
벽에 예술품을 걸 필요가 없었어요." 한스는 재료의
색상 범위를 기본색으로 제한했으며, 바닥과 천장은
회색 콘크리트로, 벽은 흰색 벽토로, 계단은 미가공
강철로 마감했다. 코어 부분은 기다란 웬지(wenge)
나무 조각들로 덮어 흡음 처리를 했고, 가구처럼
모서리를 둥글게 처리한 디테일을 적용했다. 설비와
창고를 위한 공간의 문은 눈에 띄지 않게 설계했다.
드라베는 말한다. "한스는 회색과 특정한 톤의

13) 네덜란드어 '리테일란트 (rieteiland)'는 '갈대섬(reed island)' 을 뜻한다.

14) 독일 태생의 미국 건축가 미스 반 데어 로에(Ludwig Mies van der Rohe,1886–1969), 르 코르 뷔지에와 함께 모더니즘 건축을 대표하는 양대 거장이며, 철골과 유리를 이용한 균질 공간의 설계와 '적은 것이 많은 것(Less is More)' 이라는 미니멀리즘적 경구로 유명하다.

흰색을 좋아해요. 그래서 제가 코어 부분에 여러 색을 추가했어요." 화장실은 밝은 녹황색이고, 대형 벽장은 노란색이다. 한쪽에는 푸른색이, 또 다른 쪽에는 붉은색이 강조색으로 쓰여 눈에 띈다. 밤에는 붉은색의 띠들이 마치 포격을 개시하듯 창문 밖으로 빛을 발산한다.

지열 펌프와 옥상 태양전지판, 복사 냉난방 바닥은 외부 미늘살과 실내 스크린과 함께 생태적으로 높은 수준의 지속가능성을 보장한다. 리테일란트 지역은 바다를 메워 조성한 곳이라 토양에 소금기가 많다. 이런 곳에선 대부분의 나무가 잘 자라지 않는다. 하지만 여기엔 갈대가 번성하고 있으며,13) 다른 식물도 추가될 예정이다. 이 집의 또렷한 형상은

인근 수공간의 잔물결 속으로 흩어지고, 유리 입면들은 거울처럼 지나가는 구름을 비춰 마치 한 폭의 네덜란드 풍경화 같다. 한스는 이 집과 주위 환경의 선명한 대비를 실현했는데, 이런 대비적 광경을 가리켜 리하르트 노이트라(Richard Neutra, 1892-1970)는 '정원 속의 기계'라고 불렀다.

이 집이 네덜란드에 널리 알려지게 되면서, 한 의뢰인은 한스에게 미스(Mies)14)적인 평면 계획과 유리를 사용해 농가주택 한 채를 설계해달라고 했다. 시공업자가 소개한 다른 의뢰인을 위해서는 아인트호번에 흰색 빌라 한 채를 설계했다. 하지만 여전히 한스의 사무소는 공공건물에 초점을 맞추고 있으며, 그런 유형의 작품으로 가장 잘 알려져 있다.

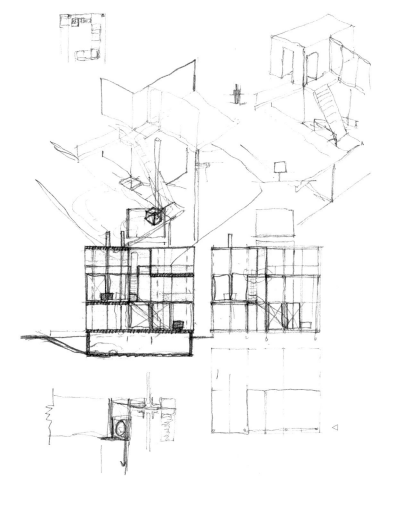

안톤 가르시아 아브릴 + 데보라 메사
ANTÓN GARCÍA-ABRIL & DÉBORA MESA

헤메로스코피움, 스페인 마드리드
HEMEROSCOPIUM, MADRID, SPAIN

키클로페안, 미국 매사추세츠 브루클린
CYCLOPEAN, BROOKLINE, MASSACHUSETTS, USA

대담한 상상력으로 무장한 한 부부 건축가 팀이 자신들의 아이디어를 실험하려고 두 채의 자택을 지었다. 이 두 채의 집은 공장에서 미리 부재를 제작해 현장에서 조립하는 방식으로 지어졌으며, 저비용으로도 가능한 창조적 건축 방식을 선언적으로 표현한 것이다. 가르시아 아브릴은 이렇게 주장한다. "건축법에 매달리면 뻔한 건축이 나올 거예요. 반드시 한계를 시험해봐야 합니다." 헤메로스코피움은 그렇게 만든 집으로 마드리드 바깥의 옛 테니스장 부지에 육중한 프리스트레스트 콘크리트(prestressed concrete)[15] 보를 옮겨와 지었다. 반면에 부부가 매사추세츠 공과대학에서 강의할 때 거처로 사용한 키클로페안은 스티로폼을 활용해 지었다.

헤메로스코피움은 육중한 구조를 완전히 노출해 놀라운 장면을 선사한다. 메사는 이렇게 설명한다. "이 집은 연구 프로젝트로 시작했어요. 평소에 머릿속으로만 상상하던 실험을 실제로 시도할 기회였죠. 우리는 여러 개의 들보를 비대칭적으로 쌓아 균형을 얻는 구조적 논리를 탐구하고 싶었어요." 부부는 대규모 토목 프로젝트용 들보를 제작하는 공장을 방문했는데, 불합격한 제품이 있으면 재활용하려던 생각에서였다. 우연히 길가에 들보 하나가 놓여 있는 걸 본 적이 있었기 때문이다. 하지만 이런 불합격 제품이 안전하지 못한 걸로 판명되었기 때문에, 기존의 거푸집을 활용하되 철근을 더 보강한 특정 길이의 들보 일곱 개를 주문했다.

15) 사전에 응력을 가한 특수강선을 삽입한 콘크리트 유형으로서, 하중을 받더라도 특수강선에 작용하는 응력이 부재의 휨과 균열을 방지한다.

헤메로스코피움은 공장에서 생산한 토목용 콘크리트 들보에 철근을 결속하고 화강석 블록으로 균형을 맞춘 구조 속에서 매스의 양감과 재료의 투명성을 결합한 집이다.

부부의 건축 사무소인 앙상블 스튜디오(Ensamble Studio)의 구조 엔지니어가 응력을 계산하는 데 무려 1년이 걸렸지만, 구조물을 세우는 데는 1주일이면 충분했다. 여러 개의 들보가 철근과 함께 나선형으로 결속되었고, 구조적 평형 지점에 머릿돌로 20톤짜리 화강석 블록을 놓으면서 전체 구조가 완성됐다. 이런 구조는 들보에 작용하는 중력과 물리적 반력을 시각적으로 표현하는데, 그 결과 들보가 안뜰을 에워싸고 실내는 유동적 공간이 된다. 주인 침실에서 뻗어 나가는 좁고 긴 수영장은 외팔보 구조로 공중에 떠 있다. 가르시아 아브릴은 이렇게 말한다. "기념비적인 스케일의 완전히 투명한 공간에서 집 안팎의 여러 조망을 만끽할 수 있어 환상적이에요. 기존의 집은 200㎡밖에 되지 않았고, 아이가 넷인 우리 가족에겐 너무 작은 규모였죠."

부부의 아이디어를 실현할 두 번째 기회는 미국으로 이사했을 때 찾아왔다. 보스턴의 부동산 가격에 놀란 부부는 최대한 저렴한 집을 알아보다가, 브루클린 교외 주거지에 있는 세 칸짜리 주택 차고에 정착하게 됐다. 차고 위에 기존의 이미지와는 대조적인 다락 공간을 얹었는데, 금속 늑재와 시멘트보드로 만든 정육면체 공간에 가로측 입면에는 유리띠 하나가 가로지른다. 지주를 덧대지 않고 증축하기가 쉽지 않았기 때문에, 시멘트보드로 외장하고 금속 테두리를 짠 스티로폼 들보 일곱 개짜리 구조가 침대와 주방과 붙박이 가구를 아우를 수 있게 설계했다. 이런 부재들은 마드리드의 한 공장에서 제작해 컨테이너에 실어 보스턴으로 이송한 다음, 현장에서 조립했다. 집의 총 넓이는 230㎡이지만, 이전 집의 콘크리트 들보 하나보다도 무게가 적게 나간다.

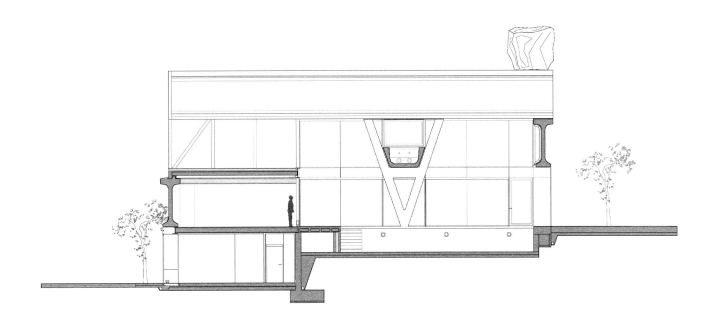

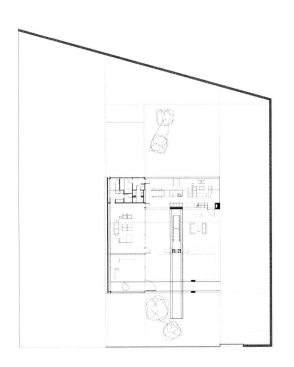

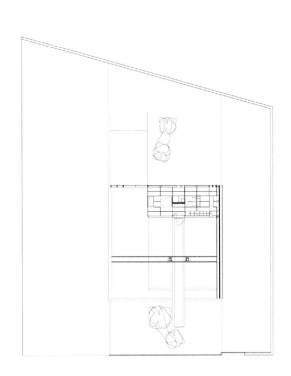

(왼쪽부터 오른쪽)
헤메로스코피움 1층과 2층 평면도

N

헤메로스코피움의 기념비적
골조 안에는 내밀한 분위기의
식당(위)과 외팔보 구조의 좁고
긴 수영장으로 개방되는 주인
침실(옆면)이 있다.

메사는 이렇게 설명한다. "헤메로스코피움은 있는
기술을 활용하되 기존 문법을 탈피했습니다. 한편
키클로페안은 재료의 혁신을 보여줍니다. 통상
단열에 쓰이는 재료를 결합해 신기술을 선보였죠."
키클로페안은 겹겹이 쌓인 들보가 견고한 벽처럼
보이는 구조를 형성한다. 전통적인 집들은 대지의
삼면을 둘러싸고, 개구부들은 작게 나 있다. 기존
차고는 리모델링해서 주인 침실과 재택 사무실로
쓸 수 있게 했으며, 아연도금 철망 위에 덩굴식물이
붙어 자라게 할 계획이다. 계단을 올라가면 다락 같은
공간이 나오고 바깥 둘레로 설비가 배치된다. 계단을
더 올라가면 중2층 갤러리 공간을 지나 옥상 테라스에
이르며 이곳은 가족과 친지를 위한 모임 장소로도
쓰이고 아이들의 침실 겸 놀이방이 되기도 한다.

이렇게 파격적인 프로젝트가 원활하게 허가 과정을
통과했다는 건 놀라운 일이다. 가르시아 아브릴은
그 과정을 이렇게 기억한다. "관련 부서에는 뭐가
어디서 만들어지는지를 일일이 얘기하지 않고 이
집이 조립식으로 지어진다고만 말했어요. 그쪽에서는
구조보다 기계 설비에 더 관심이 있어 보이더군요.
샤워기 노즐 크기가 검사원의 주된 관심사였어요."
메사는 이렇게 덧붙인다. "이 집의 시공 과정은 그
자체로 예술적 가치를 지닙니다. 원거리의 공장에서
부재들을 만들고 공사 중 운반을 최소화하기 위한
최적의 조립 계획을 세웠으니까요."

이 두 집에서는 기능성과 시학이 융합한다. 그리스
신화에서 헤메로스코피움은 오로지 상상 속에만
존재하는 일몰지다. 마찬가지로 키클로페안은
호메로스의 『오디세이』에 등장하는 외눈박이 거인
키클롭스에서 따온 말이고, 이 집이 완성되기까지
거친 여정을 암시하기도 한다. 이 프로젝트가
성공하면서, 연구와 실천, 건축 교육을 통합하려는
앙상블 스튜디오의 목표는 더 큰 의미를 갖게 됐다.
다른 지역의 건축 담당부서가 보스턴만큼만 깨어
있다면, 이런 저비용 주거를 시도해볼 수 있을 것이다.

" 건축법에 매달리면 뻔한 건축이 나올 거예요.
반드시 한계를 시험해봐야 합니다."

안톤 갸르시아 아브릴

키클로페안은 가정집과
홈 스튜디오 역할을 할 수
있도록 리모델링한 주택의 차고
세 곳을 증축해 만들었다.
기단은 스티로폼에 판자를 씌워
조립한 경량 들보를 받쳐주고,
들보는 아이들을 위한 접이식
침대와 함께 2개 층 높이의
가족실을 에워싼다.

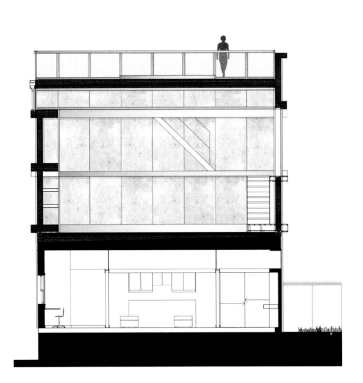

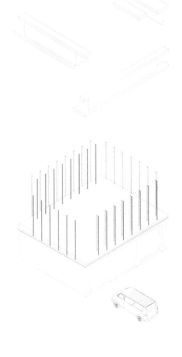

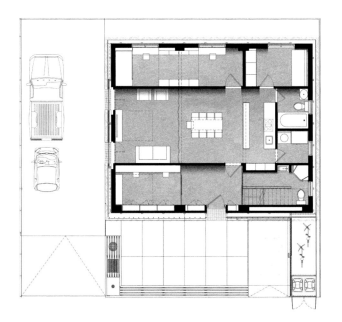

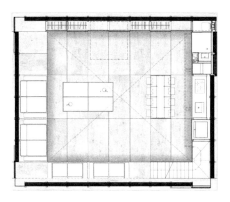

(왼쪽부터 오른쪽)
키클로페안 1층과 2층 평면도

N

토드 손더스
TODD SAUNDERS

S자 집
VILLA S

노르웨이 베르겐
BERGEN, NORWAY

캐나다의 뉴펀들랜드에서 자란 토드 손더스는 유망한 장래를 꿈꾸며 노르웨이로 이주했다. 노르웨이에서는 자신에게 집 설계를 의뢰하는 고객들을 찾을 수 있었고, 캐나다만큼이나 훌륭한 야외 풍광도 만끽할 수 있었다. 일에 전념하면서 자신의 베르겐 사무소 근처에 있는 세 채의 아파트를 수리했고, 이후 자기 가족을 위한 집을 지을 만한 부지를 물색했다.

손더스는 건축가 라이프 그룽(Leif Grung, 1894-1945)이 1930년대에 설계한 교외 전원지구의 한 공원을 사들였는데, 벌목을 하고 보니 땅이 늪지대임을 알게 됐다. 그는 이렇게 회상한다. "3m 길이의 철근을 땅 속으로 밀어 넣었는데 쑥 빠져 들어가는 거예요. 한 엔지니어가 땅을 파고 돌을 채워 넣으라고 조언하더군요. 처음부터 쉽지 않았습니다."

손더스는 사전에 수많은 스케치를 한 뒤, 다양한 욕구와 필요성을 조율하는 데 방점을 두고 집을 설계했다. 베르겐은 유럽에서 비가 가장 많이 오는 곳 중 하나라서, 가족이 야외에 있어도 비를 피할 수 있는 공간을 계획했다.

계단과 계단, 층과 층을 수직으로 오르내리는 방식에 피로감을 느낀 손더스는 모든 생활공간을 한 층으로 계획해 지상에 띄운 선형 블록 안에 배치했다. 이로써 공중 블록 밑에 생긴 빈 지상 공간은 비를 피해 짐을 꺼낼 수 있는 주차장과 두 어린 딸을 위한 야외 놀이터를 겸하게 됐다. 이웃집들처럼 이 집도 서향이어서 빛을 최대한 끌어들이고 있으며, 모든 방은 앞뒤로 빛이 유입된다.

제약조건과 단순함은 설계의 기본 원칙이었다. 말하자면 굳이 싼 재료를 써서 비용을 아낄 게 아니라, 정말 기본적인 구조로만 집을 설계하는 식이었다. 이 개념은 세 가지의 선형적 요소들로 발전했다. 수직 요소에 수평 요소가 외팔보 구조로 매달리고, 두 요소와 직교하는 또 하나의 긴 요소가 창고를 수용한다. 이런 계획으로 건물을 떠받치는 기초를 최소화할 수 있었다. 수직 요소는 계단을 포함하며, 계단은 출입구와 아이들의 텔레비전 시청실에서 시작해 주요 층을 거쳐 3층의 도서관과 옥상 테라스로 이어진다.

나무와 어울리면서도 노르웨이에서 주로 쓰이는 흰색, 붉은색, 노란색의 조합과는 대비되는 효과를 주기 위해, 철골조를 검은색 목재 판자들로 덮어 마감했다. 하지만 외팔보 구조의 아랫면은 흰색으로 마감해 블록의 부피감을 강조했다.

손더스는 이렇게 설명한다. "노르웨이에서는 건축규정만 지키면 설계 심의를 따로 받을 필요가 없어요. 하지만 지역 주민들이 프로젝트를 중단시킬 수 있습니다. 운 좋게도 저는 공사를 준비하면서 열네 분의 이웃을 알게 됐고, 한 분 한 분께 모두 도면을 보여드렸어요. 많은 분들이 그룽이 설계한 근대 주거에서 평생을 사셨기 때문에, 제 집이 이 동네를 개선해줄 거라 보고 기꺼이 승인해주셨어요. 공원이 이미 쓰레기 매립지가 되어버린 상황이라 이 집이 지어지면 동네 여건이 개선되리라 보신 거예요. 또한 제가 이 도시에서 평판이 괜찮다는 걸 아시고는 집을 잘 지으리라 믿어주셨고요."

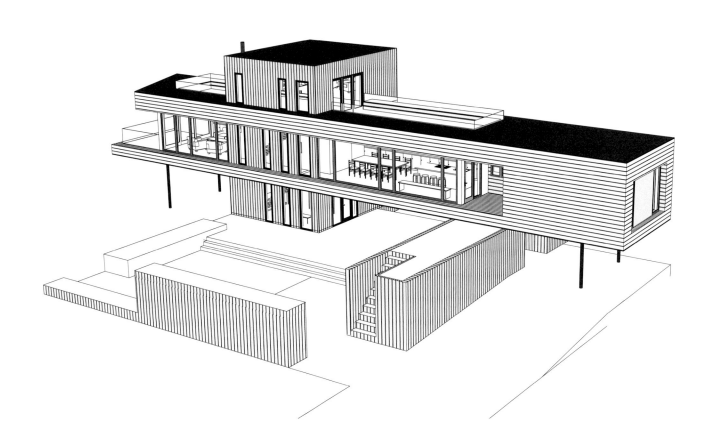

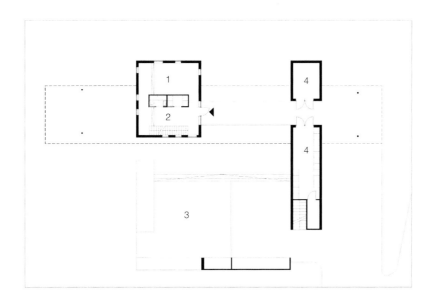

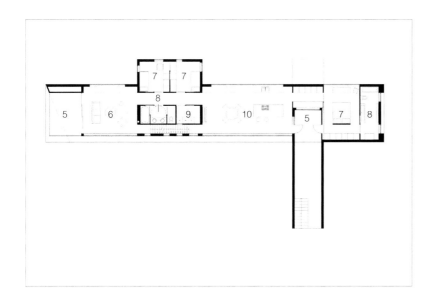

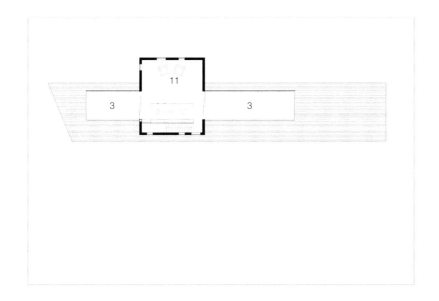

(위에서부터)
1층, 2층, 3층 평면도

1 텔레비전 시청실
2 현관
3 야외 구역
4 창고
5 발코니
6 거실
7 침실
8 욕실
9 세탁실
10 주방
11 서재

생활공간은 집의 중간층에 빼곡히 몰려있다. 주방 겸 식당 (오른쪽)은 벽을 두른 출입 로비나 앞마당에 장작더미를 쌓아놓은 곳에서 계단을 통해 진입할 수 있다. 조각적인 계단을 따라 올라가면 서재에 이른다(옆면).

손더스는 덧붙였다. "저는 외국에서 왔기 때문에, 노르웨이 문화를 새로운 관점에서 보고 선입견 없이 직관적으로 디자인에 적용합니다. 그룽과 당대의 다른 건축가들이 남긴 작품에서 영감을 많이 받았는데요, 현대 건축가들이 더 이상 쓰지 않는 종류의 목재 마감을 활용했어요. 다른 집을 설계할 때 겪었던 경험들을 교훈 삼아 실내를 세심하게 계획했습니다." 세탁 기능을 비롯해 실내에서 중요한 모든 기능들은 함께 묶고 출입구의 정육면체 공간에는 외투와 진흙투성이 장화를 눈에 띄지 않게 보관해두었다. 서재는 독서만 하는 곳이 아니라, 그림을 그리고 모형을 만드는 곳이기도 하다.

손더스는 자신이 가장 신뢰하는 시공업자들과 좋은 조건으로 공사를 진행했고, 시공업자들은 이 집을 업체 홍보에 활용하고 있다. 고품질 내장재인 덴마크산 바닥판을 두께 5cm, 폭 45cm, 길이 14m 로 시공했을 뿐만 아니라, 15년간 협업해온 창문 업체가 마침 삼중창을 개발한 터라 새로운 단열 제품을 활용할 수 있었다. 바닥 난방을 위한 지열을 공급하고자 땅을 170m까지 천공했고, 온수용 태양전지판까지 추가해 별도의 전기료가 발생하지 않는다.

주인 침실(위). 거실(옆면 위)은
지붕이 덮인 발코니 쪽으로
열리고, 서재(옆면 아래)의
양옆에는 드물게나마 햇빛을
즐길 수 있는 옥상 테라스가
있다.

실내 가구를 마련하기 위해, 손더스는 미국 오리건주
포틀랜드에서 활동하는 친구 한네스 윈가테(Hannes
Wingate)에게 도움을 요청했다. 윈가테는 독창적인
덴마크산 가구와 베르겐에 사는 독일 장인이 만든
피아노, 스코틀랜드의 도나 윌슨(Donna Wilson)에서
만든 초록색 소파를 골라줬고, 손더스가 물려받은
가구의 덮개를 바꿔주기도 했다.

현재 혼자서 아이를 키우는 손더스는 이렇게 말한다.
"저는 비가 올 때도 비를 피할 수 있는 주방 발코니에
나가 앉아 있어요. 그리고 매년 해가 비치는 30여 일
간은 옥상 테라스를 사용하는데요, 거기서 마치
지중해에 온 것 같다고 상상하죠. 이 집은
홍보용이기도 합니다. 집을 찾아온 의뢰인들이 제
작업을 두 눈으로 이해할 수 있으니까요. 그 가운데
일곱 분이 집 설계를 의뢰해서 현재 공사 중이죠."

짐 올슨
JIM OLSON

롱브랜치
LONGBRANCH

미국 워싱턴주 퓨젓사운드
PUGET SOUND, WASHINGTON STATE, USA

"저는 평면도를 그릴 때 그 평면의 곳곳에
앉아 있다고 상상합니다. 거기서 보이는
조망과 나무들 사이로 들어오는 햇빛을
떠올리면서요."

짐 올슨

짐 올슨은 이렇게 말한다. "제 의뢰인들의 집이 백배는 더 세련됐지만, 그걸 부러워해본 적은 없어요. 아무려면 제가 다른 사람들을 위해 설계한 집보다는, 작은 오두막이라도 저를 위해 지은 집에서 살고 싶죠. 다른 집들은 모두 의뢰인 각각의 꿈과 열망을 담고자 했고, 저는 그걸 도왔을 뿐이에요. 반면에 이 집은 훨씬 더 수수하지만, 그게 필요조건은 아니었죠. 그냥 저희가 사는 모습인 거죠. 으리으리한 집들이 거의 공공건물처럼 타인을 환대하기 위한 것이라면, 이 집은 숲속에 은거하는 사람을 위한 쉼터입니다."

시애틀에 있는 올슨 쿤디그(Olson Kundig)의 공동창립자 중 한 명인 짐 올슨은 50년에 걸쳐 200채가 넘는 집을 설계했다. 그리고 자신을 위한 주말 별장의 설계는 성년이 된 이후 줄곧 해온 일이다. 올슨은 건축과 1학년생일 때 부모님 집 바로 옆에 간이숙소 한 채를 지었다. 1981년에는 각각 거실과 침실과 욕실 기능을 하는 오두막 세 채를 대각 축선상에 지어 보행로들로 연결했다. 20년이 지나,

올슨은 거실과 비를 막는 출입구 지붕을 덧붙였다. 최근에는 새로운 주인 침실 1개와 안뜰, 그의 부인 캐서린을 위한 서재 그리고 그 아래로 땅이 내려앉은 쪽에 2개의 손님방을 만드는 확장 공사를 했다. 이렇게 설계하니 바닥 면적이 $225m^2$까지 늘어났고, 아래쪽 수변과 평행을 이루는 축상의 방들이 통합되어 순서대로 배치됐다. 올슨은 이를 가리켜 "한 지붕 아래 일련의 상자들"이라고 일컫는다.

올슨은 집짓기 과정을 이렇게 회상한다. "처음에는 공간을 덧붙여나갔어요. 점점 나이 들어가면서 편안함에 더 신경 쓰게 됐어요. 빗물로 미끄러운 데크를 지나 욕실까지 걸어갈 필요가 없고 손님들이 거실 소파에서 잘 필요가 없게 만드는 것이었죠. 설계의 철학은 동일하지만, 한층 더 정교해졌어요. 그만큼 실무 경험이 늘었으니까요. 그동안 다른 사람들에게 소박하면서도 아름답게 공들인 공간을 만들어주었다면, 이젠 우리 자신을 위해 그렇게 하고 싶었습니다."

침실은 올슨이 2년 전에
스케치했던 아이디어에 기초했다.
이 집에서 상대적으로 오래된
부분들은 단순한 목구조이지만,
침실에는 외팔보 구조의 바닥과
지붕 평면을 떠받칠 수 있는 강철
들보가 필요했다.

104

주요 층 평면도

1 욕실
2 침실
3 안뜰
4 서재
5 다용도실
6 주방
7 식당
8 거실
9 체력단련실

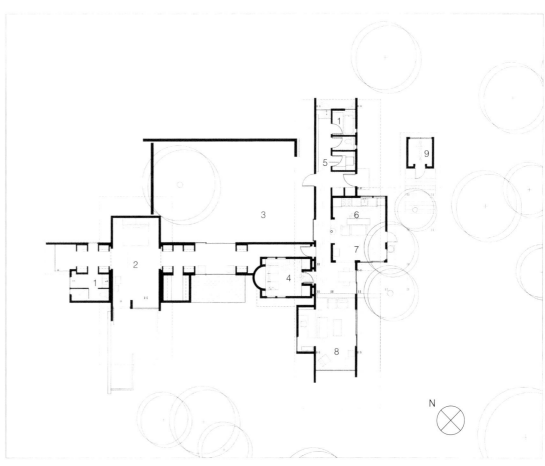

올슨은 이런 변화를 위해 서두르지 않았지만
여가시간에도 그에 관한 생각을 이어나갔다. 그는
착공에 앞서 10년간 새로운 거실을 갖길 꿈꿨고,
주인 침실은 그가 2년 전 하와이 여행에서 스케치했던
아이디어에 기초한 것이다. 올슨은 최종안을 확정하기
전에 새로운 부속 건물이 더 좋은 전망을 갖도록
이리 저리 방향을 바꿔보며 몇 가지 대안을 마련했다.
가장 합리적인 안은 예전 주택의 축상에서 확장시키는
것이었다. 그는 부인이 아늑하게 물을 내다볼 수 있길
바랐고 숲속에 버려진 느낌이 들지 않았으면 했다.

올슨은 이렇게 설명한다. "저는 평면도를 그릴 때
그 평면의 곳곳에 앉아 있다고 상상합니다. 거기서
보이는 조망과 나무들 사이로 들어오는 햇빛을

떠올리면서요. 아늑한 침대를 외따로 배치하고, 확장한
데크 위를 걷다 보면 나무 꼭대기 위에 다다르게 했죠.
마치 작은 새가 된 듯이 느낄 수 있게요."

초기 단계의 이 집은 단순한 목구조로 이뤄졌지만,
침실에는 외팔보 구조의 바닥과 지붕 평면을
떠받칠 강철 들보가 필요했다. 지역 건설업자는
작은 크레인 하나를 대여했다. 올슨은 주말마다 공사
진행도를 확인하러 나갔고, 더 개선해야 할 사항들을
떠올리면서 시공업자가 월요일에 확인할 수 있게
스케치를 남겼다.

이 집은 숲에 자리하고 있지만, 올슨의 부인이 밤에
적막한 어둠을 느끼지 않도록 조명을 켤 수 있는

안뜰을 마련했다. 이런 추가 요소들과 선형의 서재는
이곳의 오래된 부분들, 즉 풍화작용으로 변형된
부분들과 자연스럽게 어우러진다. 장식이라곤
조가비를 담은 쟁반과 절제된 색조의 예술품 몇
점밖에 없다. 올슨은 목조 인테리어와 평범한
현대식 가구들을 보완하려고 단순한 널빤지 의자를
디자인했다. 또한 소방서와 거리가 멀기에 집 전체에
스프링클러 시스템을 설치했다.

올슨은 이렇게 말한다. "이 집은 집 자체보다 집이
무엇을 하는가에 중심을 두고 있습니다. 비올 때 비를
맞지 않고도 최대한 야외에 다가갈 수 있는 집입니다.
저를 위한 작업을 할 때는 제가 의뢰인의 입장이
되죠. 그러면 의뢰인들이 완성물을 확인하기 전에

결정을 내리는 기분을 이해하는 데 도움이 됩니다.
스케치와 모델, 컴퓨터 렌더링을 아무리 많이 한들,
그게 어떤 결과를 낼지 확신할 순 없어요. 둘이 살
집이라면, 둘 모두가 각자 원하는 걸 최대한 얻을 수
있어야 합니다. 제 아내는 여관 주인처럼 지내고 싶진
않다고 말했어요. 그래서 손님방에는 각각의 출입구를
따로 뒀고 별도의 주방 하나를 뒀죠. 그래서 이젠
아래층에서 의뢰인들을 맞이할 수 있게 됐어요."

끝으로 올슨은 이렇게 말한다. "저는 이곳에 오면
자연과 숲과 고요함에 이끌려요. 그 후 도시로
돌아가면, 에너지를 채우고 왔다는 느낌이 들지요."

마우리시오 페소 + 소피아 본 엘리치샤우젠
MAURICIO PEZO & SOFIA VON ELLRICHSHAUSEN

시엔
CIEN

칠레 콘셉시온
CONCEPCIÓN, CHILE

소피아는 부에노스아이레스에서 공부하다가 페소를 만났고, 얼마 지나지 않아 둘은 결혼했다. 결혼하기 직전 그들은 동료들이 살던 산티아고에서 남쪽으로 500km 떨어진 콘셉시온에 작은 스튜디오를 설립했다. 처음에는 힘겨운 과정이었다. 서로 주도권을 갖고 싶어 다투곤 했기 때문이다. 하지만 이제 교대로 아이디어를 발전시키고, 서로에게 비평가 역할을 해주면서 합의에 도달해 조화롭게 협업할 수 있게 됐다. 소피아는 이렇게 말한다. "우리는 우리 건물이 스스로를 뽐내지 않고 유행을 타지 않길 원해요. 창조적 자유를 충분히 발휘할 수 있는 프로젝트만 선택합니다. 어떤 집이든 교훈적인 경험이 되고 뭔가를 처음으로 탐구해보게 만들지만, 그렇다고 주제를 급히 바꾸거나 빠르게 소진하는 건 저희 방식이 아니에요."

소피아와 페소 부부가 직접 살려고 지은 생활 · 업무공간인 '시엔'은 주체적인 생각을 잘 드러낸다. 하부 매스에서 도드락다듬을 한 콘크리트로 지은 5층짜리 타워에 생활공간이 있고, 작업실은 지하층에 자리한다. 이 집의 이름은 바닥 매스의 높이가 해발고도 100m에 이른다는 이유로 붙인 것인데,[16] 이 매스는 좁고 경사진 부지를 포용한다. 이 집을 짓기 6년 전, 부부는 태평양이 내려다보이는 바위곶이에 거친 거푸집 콘크리트로 타설한 정육면체형의 '폴리(Poli)'를 지었다. 폴리는 주말 별장으로 쓰이는 실험적인 건물로서, 에두아르도 칠리다(Eduardo Chillida)의 조각처럼 블록이 서로 맞물리는 형태의 복합체로 이뤄졌다. 불규칙하고 깊게 뚫린 구멍들은 바위와 바다가 내다보이는 조그마한 풍경의 틀을 이루고, 거푸집 자국이 남은 벽 위로는 빛이 넘쳐흐른다.

16) '시엔(cien)'이라는 스페인어는 우리말로 100을 뜻한다.

태평양이 내려다보이는 바위곶이의 폴리(앞면)는 부부가 지은 주말 별장이다. 부부이 시내 주택인 시엔에는, 거실과 지하 작업실이 있는 바닥 매스에서 업무공간(옆면)을 포함하는 5층짜리 콘크리트 타워가 솟아오른다.

시엔은 높은 수준의 시공 기술 덕에 폴리보다 더 세련되게 지어졌다. 비록 바닥 매스를 완성하던 중에 일어난 지진 때문에 공사가 중단돼 타워의 콘크리트에 더 작은 골재가 들어갔지만 말이다. 건축가 부부는 골판지와 콘크리트 모형을 만들어 기하학적 개념을 탐구해가면서 설계 작업에 착수했다. 집의 바닥 평면은 가로세로 6m 길이의 정사각형을 비대칭 십자 모양으로 나눈 뒤 12번의 변형 작업을 거쳐 결정했다. 입면에는 내부와 외부의 시각적 연결을 강화하는 창문을 냈다. 창문은 탁자의 배치나 사람이 앉고 설 수 있는 위치와 맞게 크기와 높이가 정해졌다. 내부는 르 코르뷔지에의 라 투레트 수도원만큼이나 엄밀한 분위기를 자아낸다. 벽은 흰색이나 연회색으로 칠한 판자들로 덮었고, 생활공간은 천연 목재 바닥으로 마감했다. 일부 공간은 콘크리트를 노출시키고 아연도금 철골로 창문을 고정했다.

이 집은 각 부분마다 독특한 역할이 있다. 지하층은 부부가 각자의 그림을 그리고 보관하는 곳으로, 부부는 이곳에서 수년간 작업을 꾸준히 발전시켜 왔다. 출입구에서 계단을 타고 내려가면 주방에서 식당으로, 가구를 갖춘 거실로 향하게 되는데, 이때 중간에 통과하게 되는 아치형 개구부가 생생한 리듬을 만들어낸다. 상층부의 주인 침실은 바닥 매스 옥상의 테라스 방향으로 열린다. 페소는 소피아를 위한 생일 선물로 거대한 사이프러스나무를 사서 집 뒤편에 심었고 부부는 이 나무가 이 집의 터줏대감이라고 여긴다. 나선형 목조 계단 중 하나는 주인 침실과 손님 침실로, 다른 하나는 작업실 공간으로 이어진다.

소피아는 이렇게 말한다. "저는 사람들이 일반적으로 생각하는 편안함이라는 개념을 의심해요. 우리 집은 그런 관습적인 개념과 상충하지만 제겐 매우 편안하게

느껴지거든요. 제 책상에서 욕실까지 가려면 5개의 계단을 밟아야 하지만, 그렇게 움직이면서 테라스의 신선한 공기를 마시면 오히려 활력이 돋지요." 남편 또한 이 말에 동의한다. "우리만 있을 땐 사생활과 업무의 구분이 없습니다. 하지만 1주일에 5일은 다른 분들도 함께하는 만큼 구분을 하려고 하죠. 우리 직업은 기본적으로 앉아서 하는 일이라, 책상에서 벗어날 기회가 있다는 건 좋은 일이에요."

페소는 설명을 이어간다. "이런 외딴곳에는 고객이 될 만한 분들이 아주 적습니다. 취향이 별스럽지 않고, 예산도 많이 없는 분들이죠. 한데 평범한 분들이 우연히 우리를 접하고 좋아해주시죠." 이 건축가 부부는 기존의 편견을 깰 수 있어 기쁜 모양이다. 소피아가 말한다. "이 집에 이웃들을 초대했는데요,

예상과 많이 달랐는지 놀라시더라고요. 한 분은 원래 이 집을 싫어했는데 이젠 좋아하게 됐다고 말씀하셨어요."

부부는 소규모 건축물을 한 번에 한 프로젝트씩 진행해왔는데, 쉽지 않은 일이었지만 마치 자기 집처럼 지으며 보람을 느꼈다. 하지만 역시나 직접 살 곳을 지을 때 더 큰 자유를 느낀다. 페소는 이렇게 말한다. "저희는 시공의 품질보다도 단위공간을 더해나가는 방식을 더 중요하게 생각해요. 이 집에서도, 폴리에서도, 그리고 현재 이 집에 공간이 부족해 안데스 산기슭에 짓고 있는 더 큰 별장에서도요. 다른 의뢰인을 위한 집이었다면 거의 선택의 여지가 없었겠죠."

" 저는 사람들이 일반적으로 생각하는 편안함이라는 개념을
의심해요. 제 책상에서 욕실까지 가려면 5개의
계단을 밟아야 하지만, 그렇게 움직이면서 테라스의
신선한 공기를 마시면 오히려 활력이 돋지요."

소피아 본 엘리치샤우젠

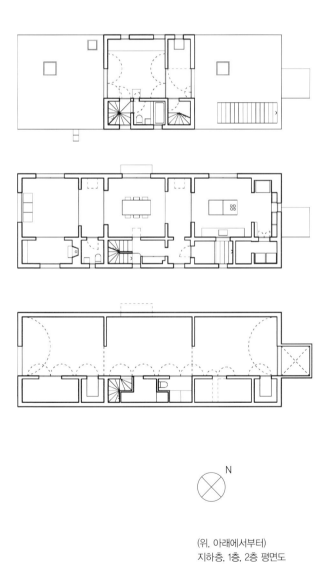

(위, 아래에서부터)
지하층, 1층, 2층 평면도

헬레 슈뢰더 + 마르틴 야네코비치
HELLE SCHRÖDER & MARTIN JANEKOVIC

벽 없는 집
NO WALLS

독일 베를린
BERLIN, GERMANY

일렬로 붙은 다섯 채의 집(위)이 옛 베를린 장벽을 따라 이어지는 기념 공원과 마주하고. 집 뒤편 (옆면)은 조용한 주거지에 면해 있다. 건축가는 그중 한가운데를 자택으로 설계했고, 강철 대들보를 활용해 콘크리트 바닥판을 지지했다.

30년간 베를린을 갈라놓았던 장벽의 존재는 이제 베를린 시민 대부분에게 오래전 기억이 되었다. 물론 장벽의 일부 잔해를 관광객과 학생들이 끊임없이 찾아오고 있지만 말이다. 건축사무소 익스티하-베를린(XTH-Berlin)의 공동경영자인 헬레 슈뢰더와 그녀의 전남편 마르틴 야네코비치는 베를린 장벽 부지의 동쪽에 있는 저렴한 땅 하나를 샀다.

건물의 착공 허가가 나기 전에, 당국은 남아 있는 콘크리트 장벽 일부를 보존하고 인접 부지를 기념 공원으로 바꾸기로 했다. 슈뢰더는 뒤쪽에 있던 땅을 주인에게서 임대해 다섯 채를 짓되 세 채는 4층으로 설계했고, 그중 한가운데를 자신과 두 딸을 위한 집으로 설계했다. 저마다 다르게 입면을 처리했음에도, 옛 장벽 서쪽에 지어진 색색의 신축 아파트와 공원 사이에서 금속으로 포장된 하나의 블록처럼 보인다.

이 건축물은 사람들의 감성을 자극한다. 강철 기둥들은 베를린 장벽이 지나가던 선을 나타낸다. 한때 동독의 보안구역에 있던 교회 하나가 철거되고 타원형 교회가 새로 지어지는 과정에서, 동독에서 서독을 향하던 포열선이 분명하게 드러난 바 있다. 현재 남아 있는 청동 표지판들은 장벽 밑을 지나던 탈출용 땅굴의 경로를 추적한 것이다. 또 다른 땅굴은 옛 동독 국가보안부가 사선으로 잘라내 차단시켰다. 기념 공원에는 낮에 많은 인파가 몰려들기 때문에, 슈뢰더는 1층과 4층 입면에 범포 끈을 주렁주렁 매달아 외부 시선을 차단하면서도 내부에서는 외부를 볼 수 있게 만들었다. 슈뢰더의 집은 전형적인 모습의 주변 집들과는 상반되며, 바닥판 골조를 강철 대들보로 짰다. 하지만 과감한 내부 구성을 위해 인위적으로 만든 입면 요소는 없다.

슈뢰더는 이렇게 말한다. "전에는 연립주택에 사는 걸 생각해보지 않았죠. 그리고 이 디자인도 사전에 오랫동안 심사숙고한 게 아니었어요. 중요한 건 공간과 빛을 다루는 거였죠." 이 집은 118m^2 넓이의 사다리꼴 부지에 12m 높이로 서 있다. 좁은 단면으로 양쪽에서 빛과 공기가 유입되고, 중앙 계단은 7개 층을 연결하면서 상부에서 더 많은 빛을 유입시킨다. 모든 층이 개방형이지만, 침실이 있는 두 군데의 콘크리트 구조에만 칸막이 역할을 하는 경사판을 설치했다. 침실을 사용하지 않을 때는 칸막이 판을 열어 공간을 개방할 수 있다. 침실의 양쪽으로는 방화벽이 있고, 교차 보강재로 강철 대들보를 사용했다. 공간을 수직으로 펼친 건 좁은 대지에 대한 해법이자, 내부에

다양한 장면을 연출하며 집주인의 느긋한 생활양식을 표현한 것이다. 이 집을 처음 찾은 사람이라면 마치 마우리츠 코르넬리스 에셔(M. C. Escher)의 끝없이 순환하는 계단 중 하나를 오가는 것처럼 방향감각을 잃을 수도 있다. 슈뢰더에게도 이 집은 평범한 아파트 생활에서 크게 벗어나는 모험적 시도였다. 하지만 이 시도는 결국 그녀와 두 딸에게 완벽한 공간을 제공했고, 두 딸은 이 독특한 생활환경에서 성장했다. 이 집에 있다 보면 열림과 닫힘을 교묘하게 섞은 건축가의 기발한 재주에 감탄하게 된다. 커튼과 칸막이를 여닫을 때마다, 감춰져 있던 공유 공간과 사적 공간이 모습을 드러내는 걸 보면서 말이다.

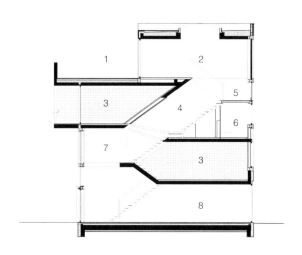

균형추가 달린 대형 목판을
올리거나 내림으로써 침실
공간을 여닫을 수 있다.
중앙 계단은 이 집의 7개 층
모두를 연결하며, 평면상의 빈
공간에는 그물망을 설치했다.

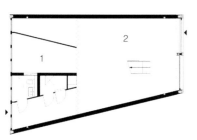 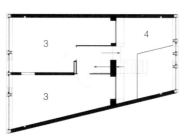 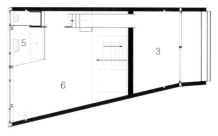

N

(위, 왼쪽에서부터)
1층, 2/3층, 4/5층 평면도

1 손님방
2 놀이방/창고
3 침실
4 음악실
5 욕실
6 거실

거실 옆의 개방형 욕실은 커튼을 쳐서 시선을 차단할 수 있다(옆면, 위). 주방/식당은 옥상 테라스로 열리고(위), 필요한 물품은 뒤편 출입구에서 도르래로 끌어올릴 수 있다.

17) 제1·2차 세계대전 사이의 전간기(戰間期)에 해당하는 1920년대의 독일은 제1차 세계대전 당시의 독일제국(1871-1918)과 제2차 세계대전 당시의 나치 독일(1933-1945) 사이에서 바이마르공화국(1919-1933)의 문화가 꽃피운 시기였다. 이때 베를린은 세계에서 세 번째로 큰 도시가 되었고, 예술과 인문학, 과학을 비롯한 다양한 분야에서 세계를 선도하는 문화적 전성기를 누렸다.

콘크리트 벽체는 완전히 노출시켰고, 측벽은 미장 마감했다. 바닥은 송판으로 덮었고, 가구는 탈색한 가문비나무 집성목재를 사용했으며, 계단에는 강철 난간을 달았다. 그렇게 마감한 여분의 표면이 전후면 출입구 사이의 현관홀과 아이들의 방에서 놀이하기에 좋은 배경을 제공하며, 다른 공간에는 맞춤 설계한 붙박이 가구를 최소한으로 설치했다. 1층에는 손님방과 창고, 놀이방이 있으며, 여기서 두꺼운 판자로 이뤄진 계단 발판을 딛고 올라가면 2층의 두 침실로 이어진다. 이곳은 균형추가 달린 대형 목판을 들어 올리고 진입할 수도 있다.

다시 계단을 타고 반대 방향으로 올라가면 음악실이 나오고, 또 돌아 올라가면 거실과 커튼으로 시선을 차단할 수 있는 개방형 욕실이, 독서 공간과 세 번째 침실이 등장한다. 최상층에는 주방/식당이 있으며, 뒤쪽으로 이어지는 옥상 테라스에서 새로 지은 연립주택 16채의 경내가 내려다보인다.

집 안 곳곳에 창의적 아이디어가 돋보인다. 건물 뒤편에서 도르래를 활용해 필요한 물품을 끌어올릴 수 있고, 바닥판의 빈 공간에는 마치 외줄타기 곡예사를 위한 것인 양 그물망을 설치해놓았다. 한낮에는 커다란 천창으로 들어온 햇빛이 아래층까지 내리쬐고, 천창을 열어 더운 실내 공기를 내보낼 수도 있다. 열펌프는 집 전반에 설치된 판들을 데워주고, 빗물은 수집해서 화장실 용수로 사용한다.

이 파격적인 집을 '벽 없는 집(No Walls)'이라고 부르는데, 이는 벽 없이 열린 평면으로 계획되었음을 뜻할 뿐만 아니라 한때 장벽으로 분할됐던 베를린이 1920년대의 영광[17]을 되살리며 통일 독일의 활력 있는 수도로 변하고 있음을 암시하는 이름이기도 하다. 어디서든 창조적인 사람들은 족적을 남긴다. 슈뢰더는 '벽 없는 집'으로 베를린의 부흥에 일정 부분 기여했다.

피터 + 토마스 글럭
PETER & THOMAS GLUCK

타워 하우스
TOWER HOUSE

미국 뉴욕주 울스터 카운티
ULSTER COUNTY, NEW YORK STATE, USA

1961년에 피터 글럭은 캣스킬 주립공원 외곽에 있는 8만㎡ 넓이의 황폐한 1820년대 농가주택 한 채를 사들여 주말 별장으로 복원했다. 현재 글럭 플러스(Gluck+)의 공동경영자가 된 그의 아들 토마스는 건축학교에 진학하기 전 목수로 일하면서 주말 손님을 위한 브리지 하우스(Bridge House)를 직접 지었다. 피터는 컬럼비아대학교 일본사 교수인 아내 캐롤을 위해 '학자의 도서관(Scholar's Library)'을 증축했고, 최근에는 아들과 함께 또 하나의 가족 건물을 증축했다.

토마스는 아내와 두 자녀를 데리고 뉴욕으로 돌아오기 전부터 이 타워 하우스의 설계 작업을 주도했다. 다른 건물들이 내려다보이는 가파른 바위 능선 위에 집을 배치했고, 건축면적을 최소화하고 조망을 극대화하기 위해 작은 침실을 층층이 쌓아 올린 후 널찍한 공용 공간을 얹은 형태의 집을 구상했다.

그렇게 비대칭적인 T자 형태를 만들었고, 거실은 철골조의 외팔보 형태로 매달아 한쪽에서 V자 형태를 이루는 날렵한 두 기둥의 지지를 받게 했다. 공사 중 잘려나간 나무들을 대신해 심은 단풍나무들은 규칙적인 격자형으로 배치돼 타워의 기하학적 형상을 한층 더 강조한다. 이 집은 25m 길이의 브리지로 게스트하우스의 상층부와 연결되고 널찍한 잔디밭은 산등성이 아래 세 채의 건물을 아우른다.

토마스는 이렇게 회상한다. "이 프로젝트를 시작할 당시 저는 미니어폴리스에 있었습니다. 제가 스케치를 하며 모델을 만들었고, 설계는 둘이 함께 진행했어요. 건축가로서 직접 살 집을 짓다 보니 타협할 일이 없었고, 기본적인 요소에 집중해 설계할 수 있었죠. 다른 의뢰인의 집이었다면 계단실 위에 거실을 두는 아이디어를 설득하긴 힘들었을 겁니다."

"건축가로서 직접 살 집을 짓다 보니 타협할 일이 없었고,
기본적인 요소에 집중해 설계할 수 있었죠. 다른 의뢰인의
집이었다면 계단실 위에 거실을 두는 아이디어를
설득하긴 힘들었을 겁니다."

토마스 글럭

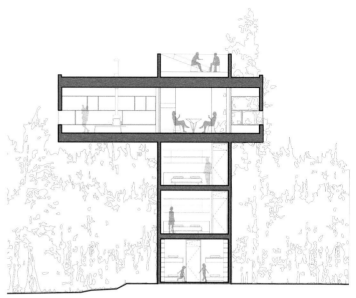

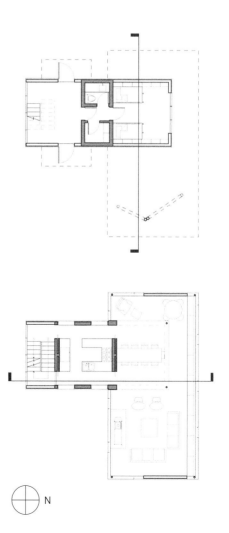

N

또 하나의 대담한 조치는 건물 후면을 모두 초록빛의 투명 유리 커튼월로 덮은 것이다. 의뢰인을 위한 주택이었다면 대부분 이 부지와 어울리는 목조 입면을 택했을 것이다. 유리 커튼월은 이런 직관에 반하는 인위적 요소이지만, 주변 풍광을 반사하면서 자연스럽게 주변에 스며든다. 건물의 형태와 외피 모두 숲의 일부가 된듯하다.

글럭 플러스가 설계부터 시공까지 총괄하는 건축 사무소라는 점이 장점으로 작용했다. 피터는 이렇게 말한다. "예전에 협업했던 하청업자에게 유리와 설비를 구매할 수 있었어요. 그분이 하루 시간을 내서 지역 목수에게 유리 설치법을 보여주었죠. 비용도 삼나무 벽널보다 유리가 더 쌌어요. 도움이 없었다면 이만큼 저렴하게 집을 짓지는 못했을 겁니다."

집을 짓는 과정에서 신경 쓴 또 하나의 요인은 지속가능성이었다. 주요 소재가 유리이므로 열 손실이 많지만 주말 주택이기에 주중에는 냉난방이 필요 없다. 에너지를 보존하기 위해 급수 설비가 필요한 모든 공간을 단열된 중앙 코어 안에 층층이 쌓고 작은 개구부들을 뚫었다. 따라서 집을 비울 때는 실내면적 230㎡의 1/4에만 난방이 필요하다. 침실과 거실 구역은 북쪽에 면해 있고, 유리 커튼월을 통해 저 멀리 캣스킬 산맥의 풍경을 내다볼 수 있다.

노란색 계단실은 남쪽에 면해서 태양열을 흡수한다. 겨울철에는 이 계단실에 열기가 모여 집이 따뜻해지며, 여름철에는 실내의 더운 공기가 계단실을 통해 신속히 배출되면서 북쪽의 시원한 공기를 끌어오기 때문에 따로 에어컨 냉방을 하지 않아도 된다.

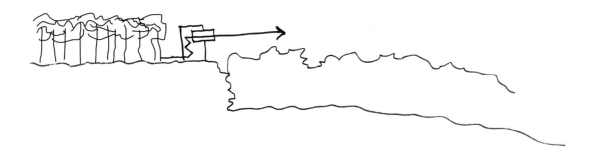

여러 개의 침실과 하나의
계단실이 있는 타워에 거실을
포함하는 수평 매스가 외팔보
구조로 매달려 있다.
계단실에서는 열기가 유동하는
굴뚝 효과가 일어나기 때문에,
겨울철에는 집이 따뜻해지고
여름철에는 시원한 공기가
유입된다. 유리 커튼월은 탁
트인 전망을 제공하고, 주변
나무들을 반사해 숲속으로
스며든다(144쪽 참조).

훌륭한 자연미를 자랑하는 세계의 여러 지역에서,
유리 타워를 짓는 기획은 으레 거센 반대에 부딪히곤
한다. 하지만 이곳은 대부분의 건물이 이웃 주민의
눈에 띄지 않는 작은 시골 마을이다. 이곳의 도시계획
부서는 매주 수요일 두 시간만 일하며, 소방서장도
지역 출신 양돈 농장주가 맡을 정도다.

내부는 세 구역으로 나뉘는데, 침실을 층층이 쌓아
올린 구역, 열린 평면의 거실 구역, 360도의 조망이
펼쳐지는 옥상 테라스 구역이다. 각 층 바닥은
흰색으로 칠한 목재로 구성해 지면과 분리된 느낌을
주었고, 유리는 수직면인데다 대기 오염이 거의 없어
청소할 필요가 없다. 밤에는 집이 등대처럼 빛나고,

어두워진 계단실의 케이블 난간에 설치한 LED
조명들은 숲속의 반딧불처럼 반짝인다.

글럭 부자는 물성과 구조 개념을 실험해보는 장으로서
이 집을 계획했다. 토마스는 이렇게 말한다. "비용을
아끼려고 강재에 목구조를 많이 덧붙여 썼어요. 모든
종류의 이상한 실험을 다해 봤죠. 저희는 시공도
하니까 그 물성을 이해하거든요. 하지만 제가 가장
소중히 여기는 건 친구들과 제 아이들처럼 건축을
전혀 모르는 사람들의 반응이에요. 그들은 그저 느낄
뿐이죠. 저희는 본능을 믿었고, 그 결과는 기대했던
것보다 훨씬 더 좋습니다."

로베르트 코니에치니
ROBERT KONIECZNY

방주
THE ARK

폴란드 브렌나
BRENNA, POLAND

멀리서 보면 이 집은 마치 방주 하나가 농장으로
둘러싸인 산 중턱의 풀밭에 상륙한 것처럼 보인다.
외벽의 미닫이 패널을 완전히 닫으면 지면에서
부유하며 회전하는 미니멀리즘 조각 같기도 한
불가사의한 건물이다. 언뜻 보면 창을 감춘 벽과 경사
지붕, 뒤로 물린 기초만 보여 하나의 콘크리트 거석을
연상케도 한다. 집 주변으로 양떼가 즐겨 출몰하며,
말떼가 지면에 설치된 상향 조명기구를 밟아 뭉갠
적도 있다. 물론 이들이 성경에 나오는 노아의

방주에서처럼 쌍쌍이 집으로 들어오려고 한 적은
없지만 말이다.

로베르트 코니에치니는 폴란드 카토비체에 있는
건축사무소 카보카 프로메스(KWK Promes)의 대표
건축가다. 어린 시절 폴란드 남부의 구릉지로 캠핑을
갔던 그는 당시의 기억을 떠올리며 아내 파트리치아와
딸을 위한 주말 및 여름 별장을 지을 부지를 물색했다.
다행히도 한 농부가 넓은 경사지 한복판의 2천m^2

멀리서 보면, 이 콘크리트 주말
별장은 마치 바닷가의 방주처럼
보인다. 집을 에워싸는 미닫이
패널들을 젖히면 자연 풍광이
보이고, 입면의 패널 하나를
내리면 땅과 연결된 도개교를
놓을 수 있다.

부지를 흔쾌히 팔았고, 그곳에 40채의 혁신적인 집을
설계했다. 그중 10채를 완공한 다음, 충분한 시간을
두고 자택을 짓는 야심 찬 프로젝트를 진행했다.
착공은 2년 후에야 이뤄졌는데, 이 지역이 산사태가
흔히 일어나는 곳이라 당국에서 불안정한 구릉지에
건축 허가를 내주길 꺼려했기 때문이다.

건축 허가가 날 무렵, 건축가는 산사태에 대한 걱정
때문에 한 구조 엔지니어에게 그 대책을 문의해둔

상태였는데 그의 대답은 이러했다. "건물을 가능한
한 가볍게 땅 위에 앉히세요. 땅을 깊게 파면 물이
차서 건물을 세우기 어려워요." 코니에치니는 자연을
거스르지 않고 흐름에 순응하는 게 해법임을 깨달았고,
그러려면 설계를 새로 해야 했다. 하지만 이건 그의
아내에게 달갑지 않은 소식이었다. 아내는 첫 번째
설계 개념이 나오기까지 너무 오래 기다렸다며 새로운
설계에 또 몇 년을 기다리긴 싫다고 불평했다.

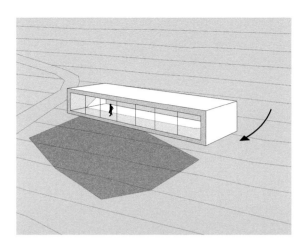
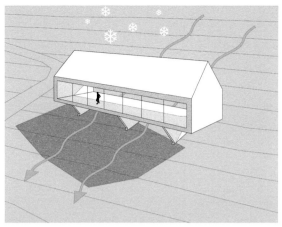

'방주'라는 이름이 붙은 이 집은
경사면에서 띄운 채로 회전시켜
한쪽 모퉁이만 지면에 닿게
하고 나머지 부분은 세 개의
콘크리트 쐐기로 지지했다.
이처럼 기초를 최소화해 눈이
오더라도 녹은 눈이 집 아래로
자연스럽게 흘러갈 수 있게
했다.

코니에치니는 10년간 자기 집을 구상해왔기 때문에, 아내에게 이렇게 약속했다. "설계는 3일 만에 끝낼게." 마감일이 촉박했기에 오히려 정신을 집중할 수 있었고, 빠르게 창조적 작업을 할 수 있었다. 1.5m-4.5m 깊이의 좁은 쐐기구조 세 개가 떠받치는 긴 공간을 스케치했는데, 이 공간은 빗물과 녹은 눈이 건물 아래로 자연스럽게 흐를 수 있게 하는 장치다. 외딴 입지상의 보안을 고려해 긴 공간을 회전시켜 한쪽 모퉁이로만 접근할 수 있게 했고, 집 전체를 접이식 또는 미닫이 패널로 에워쌌다.

지역 건축규정은 눈이 흘러내리도록 경사 지붕의 설치를 의무화하고 있었는데, 코니에치니는 그 지붕 형상을 건물 하부의 창고 영역에도 똑같이 뒤집어 적용해 지면에 안착시켰다. 외피는 콘크리트를 타설해 만들고 그 내부는 분사식 폴리우레탄 발포체로 덮어

단열 공사비를 절약하기로 했다. 그렇게 설계를 제때 완료한 후 지역 건설업자가 공사에 착수했지만 그는 지붕 공사 단계에서 콘크리트로 타설하기를 꺼렸다. 대신 목조 형식을 재활용하고 그 위에 색조와 질감이 콘크리트와 매우 비슷한 피막으로 마감했으며, 알루미늄 부식판 셔터도 마찬가지로 처리했다.

징검돌을 따라 올라가면 안쪽에 숨겨진 출입구로 이어지는데, 여기서 입면의 패널 하나를 내리면 집의 낮은 모퉁이와 땅을 연결하는 도개교가 된다. 바깥의 미닫이 셔터들을 젖히면 언덕 위쪽 사면과 계곡, 그리고 저 멀리 농가주택들이 있는 목가적인 전원 풍경이 한눈에 들어온다. 거의 끝부분에 위치한 여름철 정찬을 위한 테라스는 거실에서 바깥을 향해 개방되고, 거실의 중앙에 있는 원통형 은색 난로는 숨겨진 개구부를 열어 개방형 난로로 바꿔 쓸 수 있다.

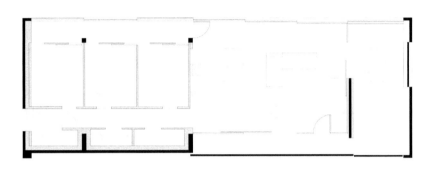

거실의 유광 콘크리트 바닥에 현장에서 나온 쇄석을 활용했고, 모듈에 맞춰 소파를 배치했으며 유리 상판을 덮은 식탁과 플렉시 유리 의자를 두었다.

거실의 남쪽 입면은 투명하고, 모든 공간에는 맞통풍이 일어나면서 시원한 공기가 유입된다. 그 뒤로 잿빛 벽체와 정렬된 복도를 통해 침실 3개가 이어지는데, 이 방들은 모두 남쪽에 면한 테라스로 통한다. 유광 스테인리스스틸로 된 벽들은 실제 공간을 반사시켜 두 배로 넓어 보이게 한다. 복도 건너편에는 조그마한 욕실 2개가 있는데, 그중 한 곳은 위에서 내려오는 빛이 뒷벽을 비춰 단열용 발포체가 드러나 보인다.

이웃 사람들은 헛간처럼 친숙한 이 집의 형태를 좋아하지만, 노출 콘크리트에는 당황스러워한다.

몇몇 사람들은 코니에치니가 공사를 끝내기도 전에 돈을 다 쓴 게 아닌지 몹시 궁금해할 정도였다. 이 집은 코니에치니 가족이 급격히 현대화되어가는 회색빛 도시에서 벗어나 기분 좋은 휴식 시간을 가질 수 있는 장소다. 진입 경사로부터 조금씩 모습을 드러내는 수수께끼 같은 모습까지, 이 집은 주거 건축에 관한 건축가의 여러 생각들을 종합한 작품이기도 하다. 이런 디자인적 요소들은 코니에치니가 슈체친에 설계한 디알로그 센터 (Dialog Center)에서 재반영되었으며 결국 그 건물은 건축상을 받았다.

유광 스테인리스스틸로 마감한
벽들은 조밀하게 구성된 침실
및 욕실 공간을 더 커 보이게
한다.

과거 사례 돌아보기

18) '몬티첼로(monticello)'는
이탈리아어로 '작은 산'을 뜻한다.

어느 시대에나 건축가들은 과거의 성취에서 영감을 받았다. 레온 바티스타 알베르티 (Leon Battista Alberti, 1404-1472)는 르네상스 시대 건축인들을 위해 비트루비우스의 원리를 해석했다. 안드레아 팔라디오(Andrea Palladio, 1508-1580)는 고전기의 유적 연구를 바탕으로 빌라를 만들었고, 나중에는 영국 지주들이 그의 작업을 모방했다. 귀족 농장주로서 정치가가 된 토마스 제퍼슨(Thomas Jefferson, 1743-1826)은 역사와 이론에 천착하다가 버지니아주 샬러츠빌의 몬티첼로(Moticello)[18]와 버지니아 대학교의 '대학촌(academical village)', 그리고 새 공화국의 로마 신전 같은 건물인 버지니아 주의회 의사당(Virginia State Capitol)이라는 3대 걸작을 만들어냈다. 건축 교육을 받지 않았지만 해박한 지식과 감각적 취향을 갖고 있던 그에게, 몬티첼로는 정처 없는 삶의

토마스 제퍼슨은 40년간 몬티첼로를 짓고 고쳐가며 삶에 관한 자신의 생각을 시험해나갔다.

고요한 중심이 되었다. 바로 이곳에서 그는 자신의 영역을 연구하며 구축해나갈 수 있었다.

몬티첼로 건축 공사는 1769년부터 1809년까지 진행되었다. 이에 대해 제퍼슨은 이렇게 선언했다. "건축은 나의 기쁨이요, 내가 가장 좋아하는 오락거리 중 하나를 세우고 허무는 일이다." 그의 집은 팔라디오에게서 유래한 개념뿐만 아니라, 제퍼슨 자신이 미국의 장관으로서 파리에 두 번째 방문했을 때 보았던 건축물들에서 얻은 아이디어를 시험해보는 장이기도 했다. 몬티첼로는 내부 곳곳이 제퍼슨의 발명품으로 채워졌는데, 상호작용하는 여러 기하학적 형태들, 벽감 속에 설치한 침대, 수고를 덜어주는 기발한 장치 등이 그것이다. 제퍼슨은 모든 것을 새롭고 사려 깊게 계획했다. 몬티첼로가 국가적으로 존경받는 성지가 된 지금, 제퍼슨이 당시 유행하던 엄숙한 조지 왕조풍 저택에서 얼마나 파격적으로 벗어난 것인지를 가늠하기란 쉽지 않다.

끊임없는 놀라움과 기쁨을 주는 또 하나의 건축적 자화상은 존 소온 경(Sir John Soane, 1753-1837)이 런던에 짓거나 리모델링한 세 채의 자택이다. 제퍼슨과 거의 같은 시대 인물인 소온 경은 당시 영국 귀족 자제들의 의례인 유럽 일주를 했고 매우 독창적인 건축가가 되었다. 그가 평생 완공할 수 있었던 건물은 단 몇 채뿐인데 원형 그대로 살아남은 건물은 더 적다. 소온 경은 강박적인 수집가였으며, (지금은 인기 있는 박물관이 된) 그의 생가 건물 내부의 3차원 미로 같은 공간 속에 각종 건축적 단편과 조각, 회화, 책 등을 모아놓았다. 건축가들이 특히 흥미롭게 여기는 건 2개의 조찬실인데, 소온 경은 케임브리지셔의 윔폴 홀(Wimpole Hall) 같은 웅장한 집에 맞춰 설계했던 비좁은 방들을 확장하기 위해 곡률이 낮은 아치와 평탄한 돔을 활용했다.

존 소온 경은 런던의 연립주택 세 채를 결합해 다채로운 수집품을 전시하고 자신의 창조적인 면모를 보여주었다.

고전적 모델에 대한 소온 경의 흥미로운 해석과 그의 발명품에 담긴 탁월한 재치는 오랫동안 베일에 감춰져 있었지만, 1970년대 이후로 건축가들에게 영감의 원천이 되었다.

찰스 무어(Charles Moore, 1925-1993)는 세계 여행을 하며 받은 인상들을 스펀지처럼 흡수했다. 그는 카리스마 있는 교육자이자 창조적인 건축가 겸 작가로서도 명성을

찰스 무어가 시랜치에 지은
콘도미니엄은 지역 풍토에 대한
건축가의 애정과 더불어, 제한된
공간을 더 커 보이게 하려는
작은 돌출 공간(aedicular,
왼쪽)의 활용을 잘 보여준다.

떨쳤다. 그는 실무 건축가로서 여덟 채의 자택을 짓거나 리모델링했으며, 교육자로서는
버클리대학교에서 예일, UCLA, 텍사스대학교로 자리를 옮겨가며 가르쳤다. 그가 설계한
자택은 모두 재치가 넘치는 소중한 사례들이며, 특히 캘리포니아 해변의 시랜치에 지은
콘도미니엄이 대표작이다.

무어가 텍사스주 오스틴에 지은 대농장 주택은 거의 소온 경의 생가박물관만큼이나
수집품들로 가득하며, 그는 제퍼슨만큼이나 쉴 새 없이 새로운 것을 만들어내는
발명가였다. 그는 이렇게 선언한 바 있다. "집은 내게 새로운 아이디어를 시험할 자유를
주었다. 내가 한 작업이 맘에 들지 않으면, 나는 다른 아이디어를 시험한다."

찰스 무어가 텍사스주 오스틴에
지은 대농장 주택(그가 지은
여덟 채의 자택 중 마지막 작품)은
소온 경의 생가박물관만큼이나
수집품들로 가득하다.

제럴드 앨런(Gerald Allen) 및 던린 린든(Donlyn Lyndon)과 함께 집필한 『집의 장소 (The Place of Houses)』(1974년 초판)라는 책에서, 무어는 이렇게 썼다. "집은 주변 환경과 섬세한 균형을 이룬다. 좋은 집은 여러 요소들을 간결하게 구성한 창조물이다. 단지 집을 구성하는 재료만이 아니라, 사람들의 삶을 이루는 무형의 리듬과 영혼 그리고 꿈을 이야기하는 곳이다. 집은 현실의 작은 땅에 자리 잡을 뿐이지만, 이 장소는 하나의 온전한 세계처럼 만들어진다. 좋은 집은 각 부분마다 사람들의 중요한 활동을 담아내지만, 전체적으로는 삶을 향한 하나의 태도를 표현한다."

프랭크 로이드 라이트(Frank Lloyd Wright, 1867-1959)의 탈리에신(Taliesin)은 그가 일생의 마지막 50년을 보낸 집이었다고 말하는 게 가장 적절한 정의일 것이다.

프랭크 로이드 라이트는 위스콘신주 스프링그린 근처에 탈리에신이라는 자택을 지었다. 이곳은 노출된 바위들과 그늘을 드리우는 무성한 나무들처럼 산중턱의 일부를 형성하고 있다.

그는 생전 제자들에게 이렇게 말했다. "자연을 연구하고, 자연을 사랑하고, 자연을 가까이 하라. 자연은 결코 실망시키지 않는다." 그의 이런 조언은 위스콘신 촌락의 스프링그린 근처에 라이트가 지은 이 자택에서 명백한 근거를 드러낸다. 1911년에 착공되었고 1914년과 1925년의 화재 이후 재건된 탈리에신은 노출된 바위들과 그늘을 드리우는 무성한 나무과 함께 산중턱의 일부를 형성하고 있다. '탈리에신'은 라이트의 외가댁 조상들이 쓰던 언어인 웨일스어로 '빛나는 이마'를 뜻하며, 말하자면 이곳이 산꼭대기 아래쪽에 있음을 일컫는다. 이곳은 라이트가 늘 되돌아가길 갈망한 집이었으며, 그가 계속해서 확장하고 재구성한 자기 작업의 전시장이었다.

낙수장(Fallingwater)과는 반대로 탈리에신에는 단일한 상징적 이미지가 없다. 이 집은 극적 효과를 줄였으며 고요한 명상의 감각을 불러일으킨다. 울창한 숲에서 돋보이는 이 집은 석회암 벽체, 모래색 벽토를 바른 발코니, 널빤지 지붕 등이 특정한 위계 없이 회화적으로 어우러져 있으며, 조금씩 서서히 제 모습을 드러낸다. 내부에서는 모든

19) 쉰들러가 자기 부부와 친구
체이스의 부부를 위해 웨스트
할리우드의 킹스 로드에 설계한
집으로, '쉰들러 주택', '쉰들러 체이스
주택', '킹스 로드 주택' 등으로
불린다.

20) 현장에서 만든 콘크리트 패널을
크레인 등을 이용해 조립하는 시공법

예술품과 가구가 전략적으로 배치되어 바깥쪽 조망과 조화를 이루고 깊이감 있는 실내
분위기를 조성한다. 라이트는 1932년에 탈리에신 펠로우십(Taliesin Fellowship)이라는
건축학교를 설립했는데, 이 학교는 겨울 본거지로 지은 애리조나의 탈리에신 웨스트
(Taliesin West)와 함께 계속해서 번창하는 중이다.

루돌프 쉰들러(Rudolph Schindler, 1887-1953)는 라이트 밑에서 일하려고 고향
빈을 떠나 시카고로 이주했다. 1920년에는 로스앤젤레스로 다시 옮겨 할리학 하우스
(Hollyhock House)의 공사 감독을 한 다음 자기만의 독립적인 사무소를 차렸다. 그가
자신과 보헤미안 기질을 가진 아내 파울린(Pauline)을 위해 지은 스튜디오 주택[19]은

루돌프 쉰들러는 자신이 설립한
사무소의 첫 작품으로 웨스트
할리우드에 파격적인 스튜디오
주택을 지으면서, 두 커플에게
따로 또는 함께 쓸 수 있는
생활·업무공간들을 제공했다.

지금껏 지어진 거주 공간 가운데 가장 대담한 실험 중 하나다. 틸트업(tiltup) 공법[20]으로
세운 콘크리트 패널들이 좁은 유리 띠들로 나뉘며 적삼목 평지붕을 떠받치고, 목구조의
미닫이 유리창은 울타리를 친 야외 공간으로 개방된다. 쉰들러는 이 집의 구성원
모두에게 자신만의 넓은 스튜디오를 하나씩 제공하고 부부끼리 함께 쓸 현관홀과
욕조, 그리고 야외 취사장을 갖춘 실내 안뜰을 만들었다. 지붕 아래에 벽이 없는 수면용
테라스가 있고, 함께 쓰는 주방도 하나 있다. 대나무로 만든 키 높은 울타리는 현재
웨스트 할리우드로 불리는 당시의 빈 들판에서 쉰들러가 발견한 것으로써, 주변 도로와
아파트 건물로부터 이 집을 분리해준다.

개구부를 범포 스크린으로 덮는 동굴 개념은 요세미티로 캠핑 여행을 갔다가 영감을
얻었다. 쉰들러는 캘리포니아 남부에서라면 1년 내내 야외에서 지내며 잠도 잘 수
있을 거라고 순진하게 생각했다. 개방형 난로로 데우는 야외 거실은 매력적인
아이디어였지만, 겨울철의 비와 봄철의 안개, 쌀쌀한 밤 날씨로 인해 실제 거주자들은

실내에서 지내야 했다. 옥상에서 잠을 자려고도 해봤지만 역시 마찬가지 문제로 그러지
못했다. 이 유토피아적인 계획은 (별거 중인 상대의 방문 밑에 메모를 밀어 넣는 식으로
소통하던) 쉰들러 부부와 계속해서 밀려오던 예술가 임차인들 사이에 끝없는 긴장을
유발했지만, 결국 건축가의 의도는 충족되었다. 이 집은 매력을 풍겼고, 여러 구성원들의
삶에 새로운 형식을 부여했다. 쉰들러의 후기 작업을 향한 열정과 전망으로 가득한
작품이다.

콘스탄틴 멜니코프(Konstantin Melnikov, 1890-1974)의 일대기를 쓴 S. 프레더릭 스타
(S. Frederick Starr)에 따르면, 멜니코프는 '집단 사회 속에서 홀로 선 건축가'였다.
그는 소련에 매우 헌신적이었기 때문에, 1925년 파리 장식미술박람회를 위한 소련관을
설계하고 센강을 가로지르는 차고를 제안해 비평가들의 찬사를 받은 뒤 다시 소련으로
돌아갔다. 여러 노동자 회관 설계를 의뢰받아 들뜬 그는 모스크바 도심의 한 필지를
임대했고, 1929년 이곳에 직접 지은 자택은 집산주의가 지배하던 시대에 실현된 흔치
않은 개인 주택 중 하나였다.

곡물 창고와 그리스정교회의 반원형 측면 예배실에서 영감을 받은 멜니코프는 원통형
개념을 발전시켰는데, 이 개념은 이미 1918년부터 스케치해온 것으로써 자신이 설계한
몇몇 공공건물에도 반영한 바 있었다. 그렇게 멜니코프의 집은 서로 맞물리는 원통형
2개로 구성되었다. 키가 더 큰 원통에는 128개의 육각형 창이 나 있고, 더 작은 원통에는
남쪽에 면한 옥상 테라스와 평평한 유리 입면, 그리고 자신의 이름과 직업을 키릴

개성이 매우 강했던 인물이자
건축 경력을 비극적으로 짧게
마감한 콘스탄틴 멜니코프의
모스크바 주택은 소련 시대의
흔치 않은 개인 주택 중 하나다.

21) E는 아일린(Eileen)의 E, 10은 알파벳의 10번째 글자인 J (Jean), 2는 두 번째 글자인 B (Badovici), 7은 7번째 글자인 G (Gray)를 가리킨다.

대문자로 돋을새김한 흔적이 있다. 멜니코프는 격자형 목재 바닥과 내외부를 흰색 벽토로 칠한 내력벽을 활용하는 등 전통적인 건설 실무를 다채롭게 변주하는 솜씨를 보였다.

멜니코프는 이 작품을 집합주거의 원형으로 여겼을지도 모른다. 어쨌든 이 작품은 수많은 방문객과 공식 방문단의 발길을 끌었다. 그러나 비평가와 경쟁자들은 이 작품을 이미 동료들과 관계가 틀어지고 버림받은 한 건축가가 자신의 개성을 내세워 반항한 작품으로 보았고, 멜니코프는 머지않아 형식주의자로 폄하되고 아무런 공식 의뢰도 받지 못하는 처지가 되었다. 그는 끊임없이 스케치를 하며 재기를 노렸지만, 84세의 나이로 사망할 때까지 더 지은 건물이라곤 겨우 단 한 채뿐이었다. 그야말로 건축계의 손실을 초래한 역사적 비극이었다. 이 집은 2006년 멜니코프 아들의 사망 이후 가족 구성원들이 나서서 보존 시도를 했지만, 지금은 폐허가 될 위험에 처해 있다. 하지만 이 집이 존재한다는 것 자체가 이미 기적이기에, 그저 당국의 무관심을 어느 개인 후원자가 대신 메워 제대로 된 복원 기금을 마련하길 바랄 뿐이다.

아일린 그레이(Eileen Gray, 1878-1976)는 예술가에서 디자이너가 된 아일랜드 사람으로 파리에 성공적인 디자인사무소를 두고 있었다. 그녀는 지중해가 내려다보이는 로크브륀-카프-마르탱의 암석 사면의 매력에 푹 빠졌고, 1926년에는 원래 레몬

아일린 그레이는 지중해 위로 높이 솟은 로크브륀-카프-마르탱에 빌라 E-1027을 지었다. 이 집은 최근에 복원되었다.

숲이었던 필지 하나를 사들였다. 그 후 3년간, 그녀는 자신의 멘토였던 루마니아 건축가 장 바도비치(Jean Badovici)와 함께 살고자 입체파적인 흰색 빌라 한 채를 설계하고 지었다. 그리고는 이 집에 그녀와 바도비치의 성명 약자를 뜻하는 암호명인 E-1027이란 이름을 붙였다.[21]

22) 이 말은 집을 '삶을 담는 기계 (a machine to live in)'로 정의한 르 코르뷔지에의 기계주의를 부정한 것이다.

원대한 상상을 하던 디자이너이자 직관력을 갖춘 건축가였던 그레이는 종합적인 예술 작품을 만들었다. E-1027은 규모는 소박할지라도 당대의 시대정신과 한 여성의 뛰어난 재능을 구현한 작품이며, 이로써 그녀는 오랫동안 부정당했던 자신의 가치를 사후에 인정받게 되었다. 이 집에는 재치가 넘칠 뿐만 아니라, 세심한 계획과 더불어 그레이의 애정이 담긴 여러 독창적인 아이디어가 가득하다.

이 집은 태양광선의 궤적을 고려해 설계되었으며, 차양을 단 셔터가 열리고 기울어지면서 그늘을 만들고 맞통풍을 일으킨다. 출입구에서 실내로 진입하는 경로는 여러 가지이며, 실내 현관은 타원형 보관 수납장으로 구획되었다. 그레이의 침실과 인접한 넓은 거실은 접이식 유리문을 열면 테라스와 통한다. 가구와 융단, 색색의 타일 바닥이 앉는 곳과 휴식, 세면, 작업을 위한 구역들을 구분한다. 회전형 서랍이 든 붙박이 수납장들은 건축을 확장하는 개념으로 계획되었다. 강철과 유리로 만든 경량 탁자들은 쉽게 테라스로 운반하거나 높이를 조정할 수 있다. 그레이는 이렇게 썼다. "전위적인 건축가들은 내부를 버린 채 외적인 건축에 빠져버린 거 같다. 집을 설계하는 목적이 마치 거주자들의 안녕보다 눈요기에 있는 것처럼 말이다. 집은 삶을 담는 기계가 아니다.[22]… 시각적 조화만이 아니라 전체적인 짜임새, 즉 작품의 모든 조건이 결합해 가장 심오한 의미에서 인간적인 집을 만들어야 한다." 훗날 그레이는 다음과 같이 말했다. "근대 건축은 육체적 감각(sensuality)이 퇴화하면서 피폐해졌다."

르 코르뷔지에는 E-1027에 처음 체류하고서 그레이의 위업에 후한 찬사를 보냈지만, 1938년에 바도비치의 초대를 받아 다시 왔을 때는 "벽을 더럽히고 싶은 강렬한 욕망"을 느꼈다고 공언했다. 그가 그려 넣은 여덟 점의 소름끼치는 벽화는 그레이가

르 코르뷔지에는 E-1027 옆 부지에 작은 목조 오두막을 짓고 내부를 세심하게 계획해 여름철 별장으로 이용했다.

구성한 집의 조화를 파괴한다. 그레이는 이에 격분해 다시는 이 집에 돌아오지 않았다. 제2차 세계대전에서 피해를 입은 이후 그 벽화들은 복원되었고, 그 자체로 중요한 가치를 얻었다. 어쩌면 이 집을 철거 위기에서 구한 게 그 벽화들이었는지도 모른다.

르 코르뷔지에(Le Corbusier, 1887-1965)는 일찍이 지중해에 이끌려서 그곳의 고대 유적과 토속 건축물들을 스케치했고, 프랑스 남부로 휴가를 떠나 지중해에 대한 애정을 키웠다. 마르세유 집합주거를 완공한 1952년에는 E-1027 옆 부지의 나무 그늘 모퉁이에 카바농(Le Cabanon)이라는 소박한 목조 오두막을 지었다. 그는 이 오두막을 몬테카를로 태생인 아내 이본에게 주는 선물이라 부르며 여름철마다 이곳에 머물렀다. 그러다 어느 날 근처 해변에서 바다로 헤엄쳐나가다 사망했다.

카바농은 마르크 앙투안 로지에(Marc-Antoine Laugier, 1713-1769)가 고안한 원시 오두막(Primitive Hut) 개념을 재해석한 것인데, 그 소박함은 40년 전 아토스 산의 수도원 방에 묵었던 경험에서 영감을 받은 것인지도 모른다. 카바농은 바깥에서 보면 섬유시멘트 골판으로 만든 헛간 지붕 아래 작은 창문들을 낸 통나무 오두막처럼 보인다. (실제로 벽체는 코르시카에서 미리 껍질째 절단해 현장으로 운반한 송판으로 만들었다.) 내부는 가로세로 3.66m의 정사각형으로 E-1027만큼이나 세심하게 계획됐지만, 규모는 훨씬 더 작다. 바닥판은 노란색으로 칠했고, 천장은 다양한 색의 패널로, 벽체는 미가공 합판으로 구성했다. 일견 꾸밈없어 보이지만, 모든 디테일이 정밀하게 계산된 것이다. 내부로 열리는 셔터에 반사 유리가 달려 있어서 외부로 시야를 확장하고 더 많은 빛을 끌어온다. 그의 그림들은 상감 세공한 탁자와 선반 설비, 침대만큼이나 건물에 완벽히 어울린다. 이곳은 은신처이자 낮잠을 잘 만한 공간으로 계획되었다. 집주인은 바깥의 캐럽나무 그늘에서 햇빛을 쬐고, 소박한 헛간을 스튜디오로 사용하며, 그의 친구 로베르 레뷔타토(Robert Rebutato)가 인근에 소유한 캐주얼 레스토랑 라투알 드 메르(L'Étoile de Mer)에서 식사를 했다. 르 코르뷔지에는 레뷔타토를 위해 위쪽 사면에 다섯 채의 휴양용 오두막을 지어주기도 했다.

엘리엘 사리넨(Eliel Saarinen, 1873-1950)은 1902년에 두 젊은 동업자들과 함께 휘비트래스크(Hvitträsk)를 지었다. 핀란드의 헬싱키 밖에 위치한 이 집은 그들이 함께 살며 일할 공간이었다. 이 집은 러시아의 지배로부터 핀란드의 독립을 주장한 민족주의의 낭만적 표현이었고, 사리넨을 성공 가도에 올려놓았다. 1922년에 『시카고 트리뷴』신사옥 설계 경기에서 2등을 한 사리넨은 당시 호황이던 미국 중서부 시장에서 작업을 이어가기로 결정했고, 디트로이트의 녹음이 우거진 교외에 위치한 크랜브룩 예술학교의 총괄계획가 겸 교장으로 부임했다. 1930년에는 그곳에 자신과 아내 로야, 아들 에로가 함께 살 집을 널찍하게 지었다.

이 집의 적벽돌 입면과 타일 지붕, 납으로 틀을 짠 창문, 그리고 후면에 벽을 친 조각 정원은 모두 영국 미술공예운동의 주창자였던 윌리엄 모리스(William Morris)의

주택 건축을 연상시키는 요소들이다. 집의 내부는 훨씬 더 진보적이다. 1층은 빛으로 가득한 열린 공간들이 서로 물 흐르듯 엮이면서, 널찍한 현관과 서재, 거실, 스튜디오가 어우러진다. 부드럽게 반짝이는 전나무 패널, 주홍색 벽감, 그리고 도금된 얕은 돔은 19세기 초의 북유럽 주택을 떠올린다. 사리넨의 책상은 긴 반원통형 궁륭 아래 스튜디오의 양 끝에서 높이가 있는 반침 중 하나를 차지하는데, 이곳은 응접실을 겸한 공간이었다. 집주인의 개인적 취향은 위층의 사적인 공간에서 가장 잘 드러난다. 주인 침실은 절충적으로 마감했으며, 평범한 타일과 고강도 색유리(Vitrolite), 기능적인 천장 조명이 펼쳐진 모습이 바우하우스(Bauhaus)[23] 스타일을 떠올리게 한다.

베를린에서 처음 건축가로 데뷔한 리하르트 노이트라(Richard Neutra, 1892-1970)[24]는 에리히 멘델존(Erich Mendelsohn)의 조수로 일하며 작은 주택 네 채를 설계했다. 1925년에 미국으로 이민한 노이트라는 탈리에신에서 프랭크 로이드 라이트를 위해 잠시 일한 다음, 로스앤젤레스로 거처를 옮겨 당시 단기간 동업자 관계였던 루돌프 쉰들러의 집에서 함께 살았다. 산중턱에 지은 극적인 외팔보 구조로 돌출한 철골조 건물인 로벨 건강 주택(Lovell Health House)으로 명성을 얻은 노이트라는 유럽에서 강연자로 초빙되었다. 노이트라의 재능을 알아본 네덜란드 기업가 세이스 반 더 레이우(Cees van der Leeuw)는 노이트라가 가족과 함께 살 집의 자금을 융자해주겠다고 했다. 그렇게 1932년 로스앤젤레스의 실버레이크 저수지 접경지역에 VDL 연구 주택(VDL Research House)이 완공되었다. 여기서 'VDL'은 그 깨어 있던 후원자의 성씨인 반 더 레이우의 약자를 감사의 표시로 넣은 것이며, '연구 주택'은 이 집이 혁신적인 재료와 삶의 개념들을 시험한 곳임을 뜻한다. 214m^2의 이 2층짜리 주택은 전형적인 목구조에 흰색 벽토를 바르고 철골조의 창문 띠를 지지하는 문설주에 은색 페인트를

23) 건축가 발터 그로피우스(Walter Gropius)가 1919년에 설립한 미술공예학교로 1933년 나치에 의해 폐쇄되었다. Bauhaus라는 독일어는 '건축의 집'을 뜻한다. 건축을 중심으로 예술과 기술을 통합하고자 했으며, 절제된 기하학적 형태를 기반으로 한 수공예와 기능성, 공공적 구조주의 등을 지향했다.

24) '리하르트 노이트라'는 독일어 발음이고, 영어로는 '리처드 뉴트라'로 읽는다.

칠했다. (이 방법은 노이트라의 40년 실무생활 전반에 활용된 공식이었다.) 이 집의
서쪽에는 나무 그늘이 드리운다.

건축가의 집이 이보다 더 잘 활용된 경우는 없었다. 노이트라의 제도실과 개인 사무실이
있던 1층에는 손님과 그의 세 아들 중 한두 명이 묵을 만한 침실도 있었다. 위층에는
개방형 거실이 있었고, 야외 수면 테라스로 열리는 두 침실이 있었다. 사다리를 타고
올라가면 저수지가 내려다보이는 옥상 테라스가 나왔다. 생활공간과 업무공간이
얽혀 있었는데, 노이트라는 위층에서 스케치를 한 다음 그걸 리프트에 실어 아래층의
조수들에게 보내서 더 보완하게 하곤 했다. 초창기 조수 중에는 그레고리 에인(Gregory
Ain)과 하웰 해밀턴 해리스(Harwell Hamilton Harris), 라파엘 소리아노(Raphael
Soriano) 등이 있었다. 제조업자들은 새로운 자재를 기증했고, 이 집은 "철저히
현대적으로!(Modern to the Minute!)"라는 문구가 붙은 올즈모빌 자동차 광고의
배경으로 활용되었다. 노이트라는 뒤편에 게스트하우스 한 채를 증축했는데, 대부분
그의 아들들이 성장기를 보내며 사용했다.

1963년에는 본채가 화재로 훼손되어 기존 건축물이 있던 자리에 재건했고, 노이트라의
아들 디온(Dion)이 공사를 감독했다. 옥상에 반사 연못을 추가하고 새로운 재료를
사용했으며, 오래된 나무들이 소실되어 드러난 창문에 수직 알루미늄 차양을 설치해
그늘을 드리웠다. 사무실을 옮기고 세미나실로 대체했으며, 뛰어난 첼리스트였던 아내
디오네(Dione)를 위해 음악실도 마련했다. 1970년에 노이트라가 사망한 뒤 얼마 지나지
않아 그녀는 이렇게 썼다. "나무와 꽃을 비추는 그 많은 유리면과 거울과 연못, 그리고
방과 방 사이를 오르내리는 모든 계단이 감성적이고 예술적인 공간이었다."

발터 그로피우스(Walter Gropius, 1883-1969)는 1919년에 바우하우스를 설립했고, 1937년에 히틀러 집권기의 독일을 떠나 하버드대학교 교수직을 맡았으며, 그 세대에 속한 건축가들의 사상을 형성하는 데 이바지했다. 이민자였던 그는 매사추세츠 캠브리지에 있던 연구실 근처의 집에서 아내와 딸과 함께 정착하고 싶어 했다. 새집은 자신의 베를린 아파트에서 가져온 세련된 가구로 꾸밀 예정이었지만, 주변과도 어울려야 했다. 자연석 기초에서 세워 올린 수직 판자들의 깔끔한 외피, 스크린을 친 현관, 양쪽으로 확장하는 담장, 중앙 계단 홀과 2개 층의 열린 방들은 그로피우스가 지역 농가주택에서 인상 깊게 본 요소들을 적용한 것이다.

이 집은 두 가지 면에서 방문객을 즐겁게 한다. 한편으로는 신선한 아이디어와 새로운 인공물로 가득한 대담한 실험이고, 다른 한편으로는 신대륙 초기 정착지인 뉴잉글랜드의 유산을 일부 물려받았기 때문이다. 미국의 초기 정착민들은 지역의 기후와 건설 재료에 맞춰 유럽 모델을 변용했고, 그로피우스도 그와 똑같은 작업을 했다. 이 집은 거친 토양에 모더니즘의 뿌리를 내렸고, 1938년에 불어 닥친 거대한 허리케인에도 살아남아 이전까지 의심을 품었던 이웃 주민들을 감동시켰다.

바우하우스의 설립자인 발터 그로피우스는 1937년에 하버드대학교 디자인대학원장이 되었고, 매사추세츠 링컨에 뉴잉글랜드 스타일 농가주택의 정수를 압축해 집을 지었다.

이 집의 깔끔한 선과 기능적인 가구는 장인의 손맛으로 활력을 얻는다. 수작업으로 용접한 구불구불한 강철 계단 난간이 그러하고, 침실과 의상실 사이에 유리벽을 두어 집주인이 창을 열고 자도 집의 나머지 공간에 열기를 보존할 수 있게 한 점이 그러하다. 그로피우스의 수양딸인 아티(Ati)는 자신의 침실이 옥상 데크로 열리고 그곳에 연결된 외부 나선형 계단을 원하는 대로 이용할 수 있어 즐거워했다. 검소하고 압축적이며 에너지 효율적인 이 집에서, 그로피우스는 자연과 내밀하게 접촉하며 소박하게 사는 법을 보여줬다. 거의 한 세기 전에 헨리 데이비드 소로(Henry David Thoreau, 1817-1862)가 동시대인들에게 보여준 것처럼 말이다.

루이스 바라간(Luis Barragán, 1902-1988)은 1980년 프리츠커 건축상을 수상하면서 "나의 건축은 자전적"이라고 공언했다. 실제로 요소적 미니멀리즘의 성격을 띠는 바라간의 후기 작품은 식민지 양식과 유럽 합리주의의 유산, 그리고 멕시코 지방 촌락의 다채로운 소박함에 대한 자신의 관심을 거침없이 반영했다. 프리츠커상 수상 소감에서 바라간은 자신이 가장 중시하는 특질들을 얘기했는데, 예컨대 종교와 신화, 아름다움, 고독, 고요함, 즐거움 같은 것들이었다. 이 모든 미덕들을 구현한 그의 첫 번째 건축물은 1948년 멕시코시티 타쿠바야 연방구에 완공한 자택이었다. 입면도 평면도 평범하고 특별할 게 없는데도, 방문객들은 건축가가 일생의 마지막 40년을 아무도 모르게 보냈던 그 공간들의 형언할 수 없는 마력에 빠지고 만다.

검소하고 단단하게 지어진 이 집은 바라간이 옛 교회나 자신의 정원과 분수에서 발견한 영원한 조화가 깃들어 있다. 선명한 색깔의 거친 회벽부터 난간 없는 계단까지 모든 요소들이 서로를 보완하는데, 홀 바닥의 현무암은 계단을 따라 위층까지 이어지고 외팔보 구조로 돌출한 목재는 스튜디오의 벽체를 끌어안는다. 높은 층고의 거실에는 유리벽을 통해 빛이 들고, 조적벽 사이에 설치된 유리벽은 바깥 정원의 광경을

멕시코시티에 있는 루이스 바라간의 주택은 무척 단순하지만, 색상과 소박한 재료에 대한 바라간의 애정이 담겨 있어 더 풍성한 집이 되었다.

25) 칠리와 각종 양념을 배합하여
만든 멕시코의 대표적인 소스.
진하고 걸쭉하며 재료에 따라
다양한 종류가 있다.

사분면으로 나누는 십자형 프레임이 지지하고 있다. 벽이 둘러쳐져 있고 거친 타일이
바닥에 깔린 옥상 테라스에 들어서면, 하늘을 액자에 담은 듯한 색면들의 장으로
빠져들게 된다. 단순한 목조 가구, 그리고 바라간이 가장 좋아하는 예술가들의 몇몇
그림 – 마티아스 고에리츠(Mathias Goeritz)가 금색으로 칠한 캔버스 등 이 건축가의
의도대로 이어진다. 이 집은 원숙하게 표현을 절제한 종합적인 예술 작품으로서, 와하카
지방의 몰레 소스25)만큼이나 섬세하게 구성 재료들을 융합하고 있다.

필립 존슨은 코네티컷 뉴
캐넌에 설계한 자신의 글래스
하우스를 벽돌 굴뚝 위에
걸쳐놓은 유리 외피의 철골
구조로 묘사했다.

필립 존슨(Philip Johnson, 1906-2005)이 새로 완공한 글래스 하우스를 보러 온
프랭크 로이드 라이트는 집으로 들어와 내부를 둘러보다가 조롱조로 물었다. "제가
지금 안에 있나요, 밖에 있나요? 모자를 계속 쓰고 있을까요, 아니면 벗을까요?" 반면
집주인은 기뻐했는데, 그러한 창조적 유희 정신이 이 집에 살아 있을 뿐만 아니라 한때
모르타르 없이 석벽을 쌓은 농장이었던 16만m² 땅에 있는 다른 건물 12채에도 살아 있기
때문이었다.

존슨은 20세기 건축의 카멜레온 같은 인물이었다. 모더니즘의 열렬한 신봉자로서 경력을 시작한 이후 자신이 설파하던 신조를 짧은 기간 실천하다가 이내 어지러울 만큼 다양한 양식을 도입했기 때문이다. 글래스 하우스는 그가 미스 반 데어 로에를 숭앙하던 시기의 작품인데, 당시 뉴욕 시그램 빌딩을 설계하며 미스와 협업하던 존슨은 자기 작업을 그 거장의 작업과 구분할 방법을 찾고 있었다. 1949년에 완공된 글래스 하우스는 존슨의 첫 주요 작품으로서, 미스의 판스워스 주택이 풍기는 초연한 신전 같은 느낌과 달리 소박하고 현실적인 모습이었다. 존슨은 이 집을 이렇게 설명했다. "나는 미국식 주택을 짓고 있었어요. 야외 활동을 편하게 하고 싶어서 지면에서 계단을 딱 2개만 올렸죠. 중심 구조는 벽돌 기단하고, 지붕을 관통하는 원통형 벽돌 구조예요. 미스는 그런 걸 좋아하지 않았어요. 그의 철학은 기본적으로 끊임없이 유동하는 면들을 만드는 거였거든요." 원통형 벽돌 구조 내부의 욕실과 벽난로는 전쟁 중 불타버린 한 목조 마을에서 조적 벽체의 일부만 남아 있던 기억을 떠올리며 만든 것이다. 이에 대해 그는 "나의 굴뚝 위에 유리 외피의 철골 구조를 걸쳐놓았다"고 말했다.

입구는 미닫이 유리문으로 되어 있어 형식에서 벗어난 즐거움을 느끼게 하며, 종종 낙엽이 바람에 실려 들어와 오늬무늬 벽돌 바닥 위에 자리를 잡곤 한다. 또한 식당과 거실 구역을 구획하기 위해 미스의 가구를 조각적으로 배치했으며, 침대는 보이지 않게 장롱 뒤에 두었다. 존슨은 1990년대에 내게 이렇게 말한 바 있다. "이 집에는 사람이 살 수 없다는 비평을 접하곤 합니다. 왜 그런지 이유를 모르겠어요. 나는 거의 45년간 이 집에 왔는데 말이죠. 지난 10년 간은 거의 매 주말마다 이 집에서 지냈지요. 안개가 끼든, 눈이 오든, 달빛이 비추든, 계절을 막론하고요. 겨울엔 좀 춥고 여름엔 좀 따뜻하지만, 양쪽 문을 통해 맞통풍도 일어납니다. 사람은 적응하게 마련입니다."

찰스 임스(Charles Eames, 1907-1978)와 레이 카이저(Ray Kaiser, 1912-1988) 부부가 태평양이 내려다보이는 목초지에 지은 자택은 글래스 하우스와 비슷한 건축면적을 차지하며, 글래스 하우스보다 몇 달 뒤에 완공되었다. 20세기의 가장 위대한 미국 디자이너로 알려지기 전에 건축가로서 실무 경험을 쌓았던 찰스는 산중턱에 외팔보 구조로 매달린 단층 구조물을 계획했다. 『아츠 앤 아키텍처(Arts & Architecture)』 매거진 1945년 8월호에 소개된 이 집은 그 잡지의 편집장이었던 존 엔텐자(John Entenza)가 후원한 전후(戰後) '케이스 스터디 주택' 시리즈 중 처음 시도된 작품이었다. 케이스 스터디 주택은 오로지 카탈로그에서 주문한 표준 부재들로만 짓는 주택이었다. 강철 자재가 현장에 운반된 이후인 1948년 말에 찰스는 최초의 계획을 변경했다. "디자인은 대개 제약조건과 그 한계 속에서 작업하려는 디자이너의 열정에 좌우된다"고 확신한 그는 동일한 구조 부재들에 들보 하나를 추가하면서도 훨씬 더 많은 공간을 수용하는 방향으로 2층짜리 주택과 별도의 스튜디오를 스케치했다. 적색, 청색, 흑색, 백색의 회벽 패널에 날씬한 기둥과 창살의 격자를 사용한 외부는 3차원 몬드리안 회화 같은 느낌을 주며, 그 앞에는 유칼리나무들이 서 있어 집을 보호한다.

집 면적은 140㎡이며, 미닫이 스크린을 갖춘 2층 침실 공간은 거의 정육면체에 가까운 거실을 내려다본다. 1층에는 아늑한 좌석과 주방/식당 구역이 마련돼 있다. 예술가로 훈련받은 레이는 임스의 가구와 민속 예술품, 식물, 발견된 오브제 등을 혼합하고

찰스와 레이 임스 부부가 태평양이 내려다보이는 목초지에 지은 집 내부에 있는 모습. 실내에 다양한 색상과 패턴으로 활기를 불어넣었다.

깔끔한 선이 돋보이는 외피에 색상과 패턴을 더하며 디자인을 함께 했다. 누군가에게서 실내디자이너라 불렸다면 발끈했을 테지만, 그녀는 이 예리한 직각의 컨테이너를 감각적인 생활·업무 공간으로 만들어냈다. 이 집은 찰스의 손자인 임스 드미트리오스 (Eames Demetrios)가 관리하고 있으며, 게티 보존연구소(Getty Conservation Institute)의 지원을 받아 세심한 복원 작업이 이뤄지고 있다.

이탈리아 출신의 리나 보 바르디(Lina Bo Bardi, 1914-1992)는 저널리스트에서 예술품 거래상이 된 새 남편과 1946년에 브라질로 이민해 상파울루에 정착했다. 당시 그녀는 이상주의적인 건축가였다. 상파울루에서 그녀는 자신의 비전을 실현하려 노력했고,

26) 포르투갈어인 casa de vidro는
필립 존슨의 glass house처럼 '유리
주택'을 뜻한다.

1952년에 자신의 첫 주택인 카사 드 비드로(Casa de Vidro)²⁶⁾를 완공할 수 있었다.
이 집은 옛 차나무 조림지 속에 계획된 공동체인 모룸비에 위치하는데, 현재는 이곳까지
대도시 상파울루가 확장돼가고 있다. 바르디의 집은 이 동네에 지어진 최초의 주거로서
새 주민을 위한 모델로 계획된 것이었다. 본채는 중앙을 비운 콘크리트 바닥판과 절판
지붕을 10개의 날씬한 강철 지주가 떠받치는 단층 유리 구조물로서, 임스 부부의 최초
계획만큼이나 극적이다. 채광정(light well)에는 기존에 있던 나무 한 그루만 두었지만,
유리 구조의 본채와 석조로 지은 뒤편 별채 주위에는 다른 나무들이 무성해서 충분한
그늘을 드리운다. 방문객은 이 집 아래에 주차한 뒤 오르막 계단을 따라 집에 들어갈
수 있다.

개방된 공적 영역과 밀폐된 사적 공간이 극명한 대비를 이루는데, 특히 19m에 이르는
빛나는 외피 속의 거실 내부는 가구를 이용해 구역들을 구분했고 여기에는 보 바르디가

상파울루에 지은 리나 보
바르디의 카사 드 비드로는
날씬한 강철 지주들이 떠받치는
유리벽의 거실과 뒤편의 서비스
블록으로 구성돼 있다.

직접 디자인한 가구도 몇 점 사용했다. 청색 모자이크 바닥 위에 옛것과 새것, 브라질
가구와 유럽 가구를 절충적으로 혼합한 그녀는 이곳을 예술가와 건축가를 위한
화기애애한 만남의 장소로 만들었고, 부부는 그렇게 그들과 친분을 맺었다. 보 바르디는
죽기 전까지 많은 디자인을 했는데 그중 실현한 건 단 14채 뿐이었다. 그럼에도 카사 드
비드로는 아일린 그레이처럼 사후에 그 흔치 않은 재능을 인정받은 기념비적 건축으로
남았다.

오스카 니마이어(Oscar Niemeyer, 1907-2012)는 자신이 브라질 공산당원임을
자랑스러워했고, 1964년부터 1985년까지 이어진 군부 독재 기간에 망명 생활을

했다. 그럼에도 공산당에 대한 헌신이 삶에 대한 사랑을 해치도록 내버려둔 적은
없었다. 여체의 곡선에 대한 사랑 또한 남달라서 늘 즐거운 마음으로 여체를 스케치하며
건축으로 번역해냈다. 그는 리우데자네이루에 있는 교육부 건물과 브라질의 새 수도
브라질리아를 계획하는 등 초기 브라질 모더니즘의 위대한 기념비가 된 건물들을
설계했다. 그렇게 가파른 상승곡선을 타며 승승장구하던 니마이어는 리우 위의 우거진
삼림지에 자신의 두 번째 집인 카사 다스 카노아스(Casa das Canoas)를 지었다.
1953년에 완공된 이 집은 이 쾌락주의 건축가의 자화상이었으며, 당시의 최신식 자동차
재규어 XK 120만큼이나 자유분방한 독신자의 상징물이었다.

오스카 니마이어는
리우데자네이루의 언덕에
곡선형의 카사 다스 카노아스를
지었다. 이 집은 대지의 지형에
호응한 건축가의 쾌락주의적
자화상이었다.

니마이어는 미술비평가 데이비드 언더우드(David Underwood)에게 이렇게 설명했다.
"내 관심사는 완전히 자유로운 집을 설계하는 것이었습니다. 지형의 불규칙성에 적응할
뿐 그걸 바꾸진 않고, 직선으로 분리하지 않은 채 곡선형으로 만들어 중간에 조경이
관통할 수 있게 했죠. 그리고 유리벽에 커튼을 칠 필요가 없이 원하는 만큼의 투명성을
얻기 위해, 거실 구역을 그늘지게 만들었습니다."

경사로를 따라서 이 집으로 내려가면, 곡선형 유리벽 위로 구불구불한 콘크리트 면이
떠 있는 모습을 볼 수 있다. 타원형 수영장에서 화강암 바위가 솟아올라 있고, 머리
위로는 키 큰 나무들이 솟아 있다. 그 뒤로는 땅이 꺼지면서 주요 층 아래에 침실들이
배치돼 있고, 바다가 내다보이는 테라스가 나타난다. 개방형 평면의 거실 구역에 깔린
유광 화강석 바닥재는 천장 높이의 유리와 날씬한 강철 문설주 너머로 확장하면서
내부와 외부의 경계를 흐린다. 르 코르뷔지에가 좋아했던 토네트(Thonet) 곡목 의자를
비롯해 유럽과 브라질의 모던 가구를 혼합 배치했고, 미스 반 데어 로에의 투겐타트

27) 브라질 동부 해안에 분포하는 목재. 페로바 데 캄포스(peroba de campos)라고도 한다.

주택(Villa Tugendhat)에 대한 오마주로서 원형 식탁 주위를 무늬가 풍성한 페로바도 캄포(peroba-do-campo)[27] 합판의 곡선형 차벽으로 둘렀다. 이렇듯 그에게 영향을 준 거장들에게 경의를 표했음에도, 니마이어의 집은 어쩔 수 없이 브라질적이다. 실제로 니마이어를 학술적으로 연구한 스타일리안 필리푸(Styliane Philippou)는 니마이어 주택의 다양한 리듬을 삼바 리듬에 비유한 바 있다.

장 프루베(Jean Prouvé, 1901-1984)는 공식 교육을 받은 적이 없고 그가 태어난 도시인 낭시에서 금속공예가들 밑에서 도제로 일한 게 다이지만 20세기의 가장 영향력 있는 디자이너이자 장인 중 한 명이다. 기능주의는 그의 디자인을 관통하는 기본 원리였다. 세계대전 이후 프랑스에서 강철과 알루미늄 부재를 사전 제작해 건립한 건물들을 아프리카 식민지로 운반해 설치한 것은 시대를 훨씬 앞서간 작업이었으며, 공공기관을 위해 저렴하게 제작한 그의 가구는 패션 리더들에게 멋진 빈티지 품목으로 열렬히 수집되고 있다. 전쟁으로 파괴된 콩고공화국 수도 브라자빌에서 프루베의 열대 주택 세 채를 찾아내 복원하는 데 자금을 지원한 로버트 루빈(Robert Rubin)은 이렇게 말한다. "프루베를 더 이상 장식가가 아닌 건축가의 지위로 복원해야 합니다."

낭시에 있던 자신의 작업장을 떠날 수밖에 없었던 장 프루베와 그의 가족은 원래 사전 제작 방식으로 짓는 학교에 쓰려했던 알루미늄 패널을 이용해 검소한 조립식 주택을 지었다.

프루베는 생전에 동시대인들에게 거의 천재성을 인정받지 못했고, 급기야 1952년에는 디자인의 제작을 위해 자신이 설립했던 작업장을 떠날 수밖에 없었다. 그는 낭시의

28) 불어로 '작은 언덕 위의 집'
이라는 뜻이다.

가파른 산중턱에 가족을 위한 저예산 주택을 만들고, 이때 남동생 앙리(Henri)가 그린
평면도를 활용했다. 프루베는 예전에 에어 프랑스에서 일하며 잉여 군수품을 모아둔
적이 있었는데, 학교에 쓰려고 만들었다가 한 번도 쓰지 못했던 (그의 트레이드마크인
둥근 창이 난) 알루미늄 패널을 미 육군 지프차로 실어 날랐다. 메종 뒤 코토(Maison du
Coteau)28)라고 이름 지은 이 집은 공장에서 생산한 각종 부재들을 혼용했으며, 1954년
여름에 이 집을 짓는 데 가족 전체가 힘을 모았다.

프루베는 그의 모든 건물에서와 마찬가지로 여기서도 검소함의 미덕을 실천했다. 선형의
평면은 압축적인 침실 3개와 출입구 왼쪽의 욕실 하나로 구성했다. 오른쪽에 있는
개방형 거실/식당 구역은 전면까지 확장했고, 양 측면은 전체를 유리로 마감했다. 끝벽은
모두 콘크리트이고, 천장과 칸막이벽은 저렴하면서도 꼼꼼하게 디테일을 처리한 합판을
사용했다. 거실의 내벽은 샤를로트 페리앙(Charlotte Perriand)이 파리 국제대학촌(Cité
Universitaire)을 위해 설계한 책장과 수납장으로 채웠다. 나머지 가구는 피에르 잔느레
(Pierre Jeanneret)가 선물한 탁자 하나만 제외하고 모두 프루베가 설계했다. 프루베가
사망하고 얼마 지나지 않아, 파리시는 그의 미망인에게서 이 집을 사들였고 현재는 뜻이
맞는 한 임차인에게 임대해 주택-박물관 역할을 겸하며 집의 생명력을 유지하게 했다.

울리히 프란첸(Ulrich Franzen, 1921-2012)은 적극적으로 모더니즘을 추구한
건축가였다. 하버드에서 발터 그로피우스와 마르셀 브로이어 밑에서 공부한 그는 이후
이오 밍 페이(I. M. Pei) 사무소를 거쳐 독립하면서 첫 작품으로 뉴욕주 웨스트체스터
카운티에 자기 가족의 집을 설계했다. 1956년에 완공해『아키텍처럴 레코드』잡지의
'올해의 집' 첫 번째 연간 목록에 포함된 이 집은 오늘날에도 완공 당시만큼이나 여전히
신선하고 활기가 있어 보인다. 해당 잡지는 이 집에서 프란첸 부부와 세 꼬마들, 큼직한
달마시안 개가 일상을 즐기는 모습을 사진으로 실었다.

2개의 평퍼짐한 다이아몬드 형상을 8개의 날씬한 기둥이 떠받치며 자립하는 지붕
골조는 하루 만에 지은 것이다. 이 대담한 형식은 르 코르뷔지에가 취리히의 하이디
베버(Heidi Weber) 주택에 적용한 형식을 떠올리며, 당대 건축가들이 좋아한 날씬한
나비넥타이를 닮았다. 대칭적인 평면은 프란첸이 미스에게 바치는 경의의 표시인데,
지붕 밑에서 단을 높인 테라스를 지나 끝에서 끝으로 뻗어나가는 낮은 벽돌 벽체
5개와 유리벽을 친 거실 구역 등이 그러하다. 폭넓은 벽난로 뒤로는 욕실 2개와 침실
4개가 단단한 뒷벽에 기댄 채 붙어 있다. 목조 패널 천장은 지붕 골조의 경사를 그대로
따른다. 유리벽에서 부채꼴로 퍼져나가며 예술품을 전시하는 접이식 스크린과 빛으로
가득한 공간 등은 브로이어부터 지오 폰티, 플로렌스 놀에 이르는 모던 클래식의
상징들을 모아놓은 것이다.

이렇게 확신에 찬 데뷔를 한 건축가는 얼마 되지 않는다. 이후 40년간 프란첸이
설계한 60채의 집 중 어느 것도 이 집만큼 상징적인 단순성을 띠진 못했다. 이에 대해

그로피우스는 "무생물 재료의 중력과 싸워 거둔 대담한 시각적 승리"를 칭찬하는 글을 썼고, 이 집은 이제 제2의 생애를 누리고 있다. 이 집을 철거 위기에서 구해낸 스페인의 모더니즘 애호가 페르난도 바르누에보(Fernando Barnuevo)는 당시 은퇴 후 산타페 근처에서 살고 있던 프란첸에게서 직접 조언을 구해 집을 복원했다. 2007년에 바르누에보는 아내 글로리아 및 다섯 아이들과 함께 이 집에 입주했다. 글로리아는 이렇게 말한다. "이 집은 우리 식구의 삶을 바꿔놓았어요. 마치 다른 사람들과 함께 공유하는 무대 같은 이 집에서, 우리 가족은 훨씬 더 가까워졌어요. 난롯가에서는 사슴과 야생 칠면조가 보이기도 해요. 계절마다 모든 변화를 빠짐없이 느낄 수 있는 집이죠."

알버트 프레이(Albert Frey, 1903-1998)는 르 코르뷔지에가 사부아 주택과 구세군 회관을 설계할 때 조수로 일했다. 그 후 뉴욕으로 이주해 저비용 조립식 주택의 원형인 알루미네어(Aluminaire) 주택을 공동 설계했는데, 이 집은 실제로 생산에 들어간 적은 없어도 여전히 롱아일랜드에 그대로 남아 있다. 1934년에 프레이는 팜 스프링스로 거처를 옮겨 여생을 보냈는데, 이곳에 새로운 형식의 사막 리조트로서 하나의 도시를 이루는 건물 100채를 설계했다. 여기서 프레이가 지은 두 자택은 제각기 혁신적인 아이디어를 위한 실험이었다. 첫 번째 자택은 1940년에 착공해 두 번의 확장을 거치면서 마치 우주정거장과 같은 모습이 되었다. 그리고 1963년에 고향 스위스를 연상케 하는 샌 재신토(San Jacinto) 산맥으로 이주한 프레이는 계곡 바닥에서 65m 위에 있는 바위 턱에 두 번째 집을 짓고 거기서 여생을 보냈다.

두 번째 집에서는 산비탈의 육중한 바위에 박아둔 경량 철골이 개방형 거실과 동쪽 끝의 압축적인 침실을 구분하는 역할을 한다. 20cm 두께의 유리섬유 단열재를 넣은 파형 금속 지붕은 강렬한 햇빛으로부터 내부를 보호한다. 지붕이 돌출해 유리벽에 그늘을 드리우고, 뒤로 물려 이어지는 유리벽은 모든 미풍을 끌어들인다. 수영장 테라스 아래로는 차고를 배치했다. 110㎡ 넓이의 실내는 요트처럼 빈틈없이 계획되었고, 창가의 주방과 식사와 제도를 겸하는 테이블이 놓인 공간에서는 붙박이 수납장과 침대 겸용 소파가 내려다보인다.

알버트 프레이는 캘리포니아 팜 스프링스의 도시가 내려다보이는 산비탈의 육중한 바위 위에, 자신의 두 번째 집을 지었다.

프레이의 90세 생일 직전에 내가 이 집을 찾았을 때, 그는 이렇게 말했다. "나는 불필요한 걸 없애고 유지보수가 필요 없는 최소한의 무엇을 원했어요." 그는 여름철 오전 5시에 일어나 수영을 하고 작업 현장을 방문할 만큼 여전히 젊게 생활하고 있었는데, 건강관리에 광적으로 신경 쓰던 그의 옛 상사가 이걸 봤다면 분명 칭찬했을 것이다. 프레이가 설계한 건물들은 한결같이 시대를 초월한다. 그는 이렇게 공언했다. "건축가의 직무는 이상적인 구조를 찾아 예술로 바꾸는 것입니다. 그건 유행과 아무 관계가 없습니다."

레이 카프(Ray Kappe, 1927-)는 세심하게 조율된 빛과 공간을 엮는 작업의 달인이다. 그는 남캘리포니아 건축학교(SCI-Arc)를 설립한 헌신적인 교육자이자 지속가능성을 강조한 건축의 개척자로서, 65년 경력에 걸쳐 300여 채의 집을 설계해왔다. 첫 10년간 수행했던 50개의 프로젝트를 그는 이렇게 회상한다. "그땐 정말 좋은 시절이었어요. 요즘보다 젊은 건축가에게 더 훌륭한 기회가 주어졌고, 동료들 간에 협력 정신도 있었죠. 우리는 주로 젊은 부부를 위한 집을 지었고, 모두가 현대적인 집을 갖길 원했어요."

카프가 자신과 아내 셀리를 위해 지은 집은 그의 걸작으로 여겨지곤 한다. 1967년에
완공된 이 집은 임스 주택에서 북쪽으로 1마일 떨어진 퍼시픽 팰리세이즈의 가파른
산중턱 부지에 지어졌다. 건축 허가를 받고 공사에 착수한 카프는 지하에 수원이 많아
통상적인 기초를 세우기가 불가하다는 걸 알게 되었고, 그래서 12m 간격으로 설치한
6개의 콘크리트 타워를 육중한 합판 들보가 가로지르는 다리 형태로 집을 재설계했다.
산비탈과 45도 각도로 만나는 370㎡ 넓이의 집을 들어 올리는 콘크리트 타워들은 겨우
56㎡만 땅과 접촉하기 때문에 다 자란 나무를 자르지 않고 그냥 둘 수 있었다. 이들
타워는 천창이 있는 욕실과 계단 및 서재와 같이, 루이스 칸(Louis Kahn)이 '봉사하는
공간(servant space)'이라 부른 기능도 수행한다.

길거리에서 외팔보 구조의 거실 데크 아래 출입구로 올라가는 길에는 큰 직사각형
콘크리트 받침들이 일련의 계단을 형성하고 있다. 음악처럼 흐르는 샘물소리, 습한
식생, 거친 목재, 낮은 출입구는 모두 일본식 찻집을 연상시키지만 다른 점은 규모가
크다는 것이다. 이 집은 한 번에 전체가 파악되지 않는데, 빗살이음으로 조립된 계단을
타고 오르다 보면 한정돼 있던 공간이 위쪽으로 열린다. 움푹 꺼진 바닥의 스튜디오에서

29) 영국 역사에서 정신병을 앓던 조지 3세를 대신해 왕세자 조지 4세가 섭정한 1811~1820년. 이때의 양식을 가리켜 리젠시(regency) 양식이라고 한다.

계단을 타고 올라가면 거실이 내려다보이는 휴게실을 지나 식당으로, 상층부의 독립된 주방과 침실로 향하다가 바깥의 정원으로 이어지고, 정원에서 뻗어나가는 도보 다리는 뒤편의 옥상 테라스로 이어진다. 데크에는 유칼리나무가 그늘을 드리우고 양측의 높은 창으로 들어오는 빛은 앞뒤의 넓은 수평 창에서 들어오는 빛과 균형을 이룬다.

마이클 홉킨스 경(Sir Michael Hopkins, 1935-)과 그의 파트너 패트리샤(Patricia, 1942-)는 결혼한 지 얼마 안 된 신혼부부로서 런던 건축협회 건축학교에서 공부하던 시절 서퍽에 있는 16세기 주택을 샀고, 그 후 10년간 자택 용도로 복원했다. 1976년에 자신들의 사무소를 시작한 장소인 이 스튜디오 주택은 기존 주택과 극명하게 대비되는 강철과 유리의 긴장감 넘치는 블록으로, 런던 햄스테드 지구에 있는 섭정 시대[29] 주택군 속에 우아하게 자리 잡았다. 이 집은 선언적인 성격을 띠고 있었을 뿐만 아니라, 당시 부부가 계획 중이던 대형 상업 건물들을 위한 시험대 역할도 했다. 노먼 포스터와 함께 일한 바 있던 마이클은 포스터처럼 임스 주택과 버크민스터 풀러의 다이맥시언 주택 (Dymaxion House)을 구성한 공장에서 제작한 경량 부재에 매료되어 있었지만, 홉킨스 부부가 젊은 건축가로 데뷔할 때는 그들만의 독특한 개성이 있었다. 홉킨스 부부의 건축사무소는 서섹스 지방의 글라인드본 오페라하우스(Glyndebourne Opera House) 에서 새로운 고층 도시에 이르기까지 다양한 건축적 성취를 이뤄왔지만, 이 자택은 지금까지도 부부의 대표작이자 근거지로 남아 있다.

이 집은 당시의 첨단(하지만 현재는 그 이름만큼 첨단이 아닌) 기술에 대한 단기적 열정뿐만 아니라 시대에 구애받지 않는 투명성과 공간의 실천성까지 동시에 담아낸

마이클과 패티 홉킨스 부부는 런던 북부에 있는 섭정 시대 주택군 속에 주거와 업무 겸용의 캡슐을 삽입했다.

캡슐이다. 당시 홉킨스 부부는 쓸 돈이(물론 지금은 믿기지 않는 수치로 들리지만) 겨우 2만 파운드밖에 없었고, 임스 부부가 그랬던 것처럼 한 푼도 허투루 쓰지 않았다. 이 집은 10m×12m 크기의 건축면적에 빈틈없이 구획됐으며, 대지가 길거리보다 2.7m 낮은 위치에 있어서 상부에서 도보 다리를 통해 진입해야 한다. 2.1m씩 띄워 배치한 날씬한 강철 기둥들은 격자 트러스들을 떠받친다. 지붕 데크와 바닥, 측벽은 형강 판금으로 구성했고, 전후면은 바닥에서 천장까지 이어지는 미닫이 유리 패널들로 구성했다. 카펫을 깐 바닥만 빼고는 구조재가 완전히 노출돼 있고, 실내 공간은 사전 제작한 멜라민 도장 패널과 베네치아식 블라인드를 통해 나뉜다. 산업용 강철 나선 계단 하나가 2개 층을 연결한다.

이렇게 설계된 집은 마치 공장 건물처럼 기계적일 것 같지만, 사실은 그 반대다. 이 집은 주변과 잘 어울리는 우아함과 정밀함을 보여주며, 반사 유리로만 이뤄진 광대한 입면은 밤이 되면 주변 풍경과 어우러지며 경계가 희미해진다. 절제된 강조색과 미스와 임스 부부의 금속 골조 의자들은 실내에 활력을 불어넣는다. 이 집은 건축가 부부의 아이들이 성장하는 터전이자 부부의 사무소를 옮겨놓은 곳으로서, 그 유연한 가치를 증명해냈다.

프랭크 게리(Frank Gehry, 1929-)는 자신이 선택한 도시인 로스앤젤레스에서 존경과 작업 의뢰를 동시에 받기 위해 분투해야 했다. 월트 디즈니 콘서트홀을 설계하기 전, 말하자면 3차원 모델링 소프트웨어를 사용해 전 세계적으로 이름난 프로젝트들을 의뢰받기 전, 게리는 자신을 짠돌이 건축가라고 부르며 모험적인 예술가들한테서 영감을 받았다. 그는 1978년에 "우둔한 작은 집"을 미가공 합판과 철망 울타리, 파형 금속으로

프랭크 게리는 허름한 네덜란드 식민지 주택을 목재와 파형 금속, 철망 울타리로 덮어 로스앤젤레스의 아이콘으로 만들어냈다.

리모델링한 자택을 설계하면서 로스앤젤레스에서 아웃사이더로서 존재감을 드러냈고, 이웃 주민들을 화나게 했으며, 눈썰미 있는 관찰자들에게는 전율을 일으켰다. 필립 존슨은 이렇게 언급했다. "그의 건물들은 충격적이다. (중략) 하지만 불가사의한 환희의 감각을 일깨운다."

40년이 지나 이 집은 확장 공사를 거쳤고, 새로 심은 식물이 외관을 가리고 있다. 하지만 여전히 대담한 예술 작품이다. 게리는 195㎡의 옛집 주위로 74㎡의 새집을 에워싸면서 "두 집 간의 긴장"을 일궈냈고, "외부에서 어두운 내부를 향해 공간이 겹겹이 변화하게 만들었다." 게리의 목표는 캔버스 위에서 이뤄지는 붓질의 즉흥성과 공사 중인 건물에서 느껴지는 미완성의 면모를 함께 담아내는 것이었다. 이 집을 포함해 당시에 행한 다른 프로젝트들에서도, 그는 변변찮은 예산을 정직하게 반영하는 조잡한 재료들을 사용했다. 게리는 회벽을 벗겨내 샛기둥을 노출시켰고, 위층 천장을 제거해 지붕 구조를 드러냈다. 주방 겸 식당은 아스팔트로 바닥을 마감하고 그 위에 목재와 유리로 된 정육면체를 기울여 배치해 활동의 중심지로 만들었다. 이 집은 모든 각도에서 빛이 들어오며, 마치 집이 움직이는 것처럼 느껴지게 전체를 구성했다. 케네스 프램프턴(Kenneth Frampton)은 이를 독일 화가 쿠르트 슈비터스(Kurt Schwitters)의 콜라주에 비유했다.

이토 도요는 도쿄의 시각적 혼란에 대한 응답으로서, 알루미늄으로 만든 궁륭 천장 외피로 그늘진 안뜰을 덮었다.

이토 도요(Toyo Ito, 1941-)의 초기작은 도쿄의 시각적 혼란과 덧없는 변화에 대한 응답이었다. 그는 텐트 같은 구조물에 사는 도시 유목민들이라는 개념을 탐구했고, 1982년 부터 84년 사이에 자기 가족을 위해 지은 실버 헛(Silver Hut)은 그런 아이디어를 표현한 것이다. 콘크리트 지주들이 떠받치는 7개의 얕은 철골 궁륭들이 실내 안뜰과 그 주위 삼면에 접한 방들을 아치처럼 덮는다. 바깥에서 보면 나무들이 집을 가린 채 보호하고 있으며, (일본에서는 종종 일어나는 일이지만) 타일 지붕과 일반적인 입면이 독특한 건물 하나를 파도처럼 집어삼킨다.

바닥 포장을 한 안뜰은 천장을 여닫을 수 있어서 집의 구석구석마다 신선한 공기와 빛이 유입된다. 북측 면에는 거실 겸 식당이 있고 이토와 아내의 침실은 반쯤 나무에 가려진 서쪽 콘크리트 날개 부분에 위치한다. 그 위에 딸의 방이 있으며, 동쪽으로는 별도의 스튜디오와 다다미방이 차례로 이어진다. 이런 구조는 일본 건축 양식에 따른 것이다. 이토가 내게 말하기를, 그의 아내는 안뜰을 패션쇼 무대로 사용한 적도 있다고 한다. 서구인의 눈에는 이 집이 마치 결혼 축하연을 위해 정원에 세운 천막같이 부피 없는 구조물로 보인다. 사실 이 집은 놀라우리만치 탄력적이며, 이토가 구마모토현의 야스시로 시립 박물관같이 훨씬 더 큰 건물에도 경량의 궁륭을 사용하리란 걸 예보한 작품이었다. 이토가 더 대규모의 프로젝트를 해나가는 데 열쇠 역할을 했던 이 집은 그의 모든 작품이 그렇듯 가벼움의 감각을 찬미한다.

마르트 반 스헤인덜은 위트레흐트에 있는 옛 창고의 외피 안에 집 한 채를 만들면서, 양쪽 테라스에서 빛과 공기를 끌어왔다.

마르트 반 스헤인덜(Mart van Schijndel, 1943-1999)은 역사적인 위트레흐트에 지은 자택으로 저명한 리트펠트상을 받았다. 1992년에 완공된 이 집은 옛 유리공 창고의 외피를 그대로 사용하면서, 네 아파트의 블록 뒤에 숨어 있다. 엄격하면서도 기발한 이 집은 옛 성곽의 제약 속에서 경이를 성취한다. 삼각형 쐐기 구조의 거실 공간을 중심으로, 폭이 더 넓은 한쪽의 2층짜리 선형 공간에는 침실, 욕실, 주방이 있고 반대쪽 끝의 공간에는 작업실과 연구실, 서재가 있다. 거실의 천장은 계단식으로 변화하며 두 공간을 잇는다. 거실 좌우의 사다리꼴 테라스의 투명한 유리창은 자연광을 끌어들인다. 회벽 마감의 말단 벽들과 천장에는 세심하게 색채 계획을 했다. 아침나절 빛의 강도를 높이기 위해 시원한 색조를 썼고, 맑은 날 오후의 햇빛을 풍부하게 하거나 회색 하늘을 보정하기 위해 따뜻한 색조를 썼다. 여름철에는 실내 · 외의 구분이 불분명해지며, 테라스는 거실이 훨씬 더 크고 개방적으로 느껴지게 만든다.

특정한 문제를 해결하거나 새로운 아이디어를 시험하기 위해, 실내의 모든 디테일은 3년에 걸쳐 맞춤 제작했다. 반 스헤인덜은 자신이 디자인한 가구와 함께 헤리트 리트펠트의 덮개 씌운 의자를 사용했는데, 리트펠트가 위트레흐트 외곽에 트뤼스 슈뢰더-슈래더(Truus Schröder-Schräder)를 위해 설계한 파격적인 주택이 영감의 원천이었다. 테라스 각 모퉁이에 유리문을 달았고, 예각이 진 곳에는 문 하나를 한쪽으로 약간 옮겨 열 수 있는 이중 경첩을 달아 다른 문과의 충돌을 방지했다. 욕실과 주방 수납장 문에도 경첩을 달고 실리콘 처리를 했다. 계단 밑에는 타공 강철로 만든 붙박이 의자를 배치해뒀고, 벽 하나에는 얇은 알루미늄 패널을 접어 넣고 부착해 책장 공간을 만들었다. 몬티첼로처럼 이 집도 하나의 예술 작품이자, 쉬지 않고 실험하려는 집주인의 열망을 증명하고 있다.

발리의 목골 구조 주택에서 영감을 받은 데이비드 허츠는 캘리포니아 베니스의 바다 근처에 목재와 회벽 블록으로 지속가능한 복합 주거를 만들었다.

데이비드 허츠(David Hertz, 1960-)는 캘리포니아 산타모니카에 있는 환경 건축 스튜디오(Studio of Environmental Architecture)의 대표이며, 1984년에 사무소를 처음 시작한 이래로 지금껏 생태적으로 지속가능한 건물들을 만들어오고 있다. 파도타기를 열심히 즐기기도 하는 허츠는 이렇게 말한다. "저는 바깥에 있는 게 더 좋아요. 실내에 있는 걸 생각하면 늘 햇빛과 신선한 공기와 조망을 끌어들일 방법을 고민하게 돼요."
그가 1995년에 가족을 위해 설계한 이 집은 바다에서 몇 블록 떨어진 캘리포니아주
베니스에 위치하며, 자연 환기와 에너지 생성, 재활용수 사용, 최신 조명 기술 등에
관한 그의 아이디어들을 시험하기 위해 만들어졌다. 하지만 이보다 중요한 건 이 집이
쾌락적인 노천 생활의 꿈을 형상화했다는 것이다.

허츠의 설계는 발리의 목골 구조 주택(skeletal wood house)에서 영감을 받은 것으로,
낮에는 따뜻했다가 밤에는 쌀쌀해지고 보안이 중요한 문제가 되는 캘리포니아 남부의
현실에 적용한 남태평양 모델이다. 처음에는 한 쌍의 2층짜리 건물이 하나의 도보
다리로 연결된 형태였다. 그리고서 10년이 지나 이웃 필지를 쓸 수 있게 되자, 이 집은
4개의 블록이 모인 복합 주거로 변형되었다. 모든 블록은 도보 다리로 연결되며 길고
작은 수영장 주위를 에워싸도록 배치돼 있다. 이페, 마호가니, 재생 전나무와 같은
지속가능성이 높은 목재들이 집 전반에 활용되었고, 허츠는 자신의 특허품인 신디크리트
(Syndecrete, 일반 콘크리트보다 무게는 절반으로 낮추고, 압축강도는 두 배로 높인

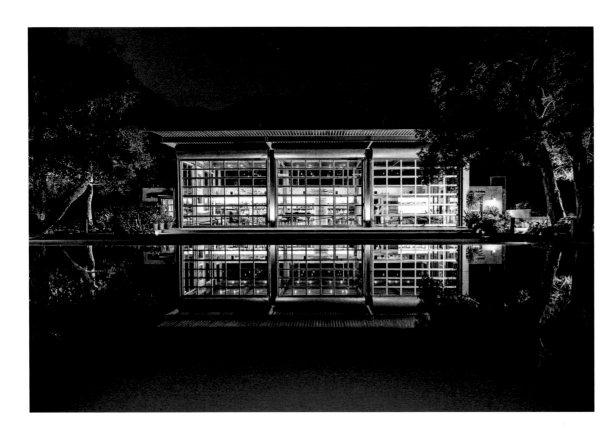

바튼 마이어스가 로스앤젤레스
북쪽의 한 협곡에 지은 주택.
스튜디오·게스트하우스로
사용하는 복합 건물은 기능적인
시학과 팔라디오 스타일의
우아함을 함께 보여준다.

합성콘크리트)를 사용하도록 시방서에 명시했다. 이 재료는 태양열을 흡수해 축열
기능을 제공하며, 옥상의 태양열 집열판들은 이 집의 전기 수요 중 90%를 생산할 수
있다.

바튼 마이어스(Barton Myers, 1934-)는 로스앤젤레스에서 북서쪽으로 110km 떨어진 몬테시토의 한 외딴 협곡의 머리 부분에 560㎡의 주거 · 업무 복합 건물을 지었다. 아름다운 풍경을 보존하기 위해 (아내 빅토리아와 시공자 역할을 함께 맡은) 마이어스는 16만㎡ 넓이의 가파른 부지 중 위쪽에 스튜디오를, 아래쪽에는 게스트하우스와 차고를, 그리고 그 중간의 평탄한 땅에 주택 본채를 앉혔다. 높은 천장고의 철골 구조물마다 위로 젖혀 올릴 수 있는 분절된 유리문을 달았고 이 문은 테라스로 개방된다. 또한 밑으로 내릴 수 있는 강철 셔터는 집주인이 없을 때 집을 안전하게 보호하고, 산불 피해를 막고, 햇빛을 가리는 차양 역할을 한다.

추가적인 안전 조치이자 여름철 열기의 실내 침투를 막는 단열 조치로써, 모든 평지붕은 얕은 연못 역할을 겸하고 연못을 채우는 물은 산 위쪽의 저수조에서 끌어온다. 자연적인 환기가 이뤄지고, 게스트하우스 지붕 경계를 따라서 길고 작은 수영장이 펼쳐져 있다. 1999년에 완공된 이 단지는 저렴하게 지어졌으며, 대담하게 노출된 아연도금 구조들은 유지비가 거의 들지 않는다. 주택 본채는 공장만큼이나 기능적이지만, 그 웅장한 비례는 고전기의 신전과 팔라디오의 빌라를 떠오르게 하며, 흙벽돌 매스에서 앞으로 튀어나온 바람 잘 통하는 캘리포니아식 주랑현관의 전통에 신선한 자극을 준다.

단순함의 미학은 천장이 높은 공간에서 유감없이 나타난다. 높은 천장은 매우 호화로운 느낌을 자아내며 오르막의 풍경을 보여주고, 스튜디오와 주택의 거실 겸 식당 공간의 고측창을 통해서 균형 잡힌 빛이 들어온다. 남쪽 전면 입구에 매달린 외팔보 구조의 덮개는 여름철 강렬한 햇빛을 막아주고, 겨울철 햇빛은 유입시켜 실내를 따뜻하게 만든다. 주인 침실과 손님 침실은 거실 옆과 뒤에 있는 낮은 날개 영역에 있으며, 욕실과 서비스 공간을 통해 분리된다. 이 공간들은 양측의 책장 뒤에 있는 복도를 통해 연결된다.

이 집과 이어서 지은 또 다른 두 집을 통해 마이어스는 50년 전 토론토에서 자신이 처음 탐구했던 주제로 되돌아갔다. 당시 그는 붉은 벽돌의 빅토리아 양식 건물로 에워싸인 부지에 강철과 유리로 된 현대적인 가족 주택을 지었다. 그는 이렇게 말했다. "대다수의 모더니즘 건축가들이 그랬듯이, 나는 이런 단독주택이 고밀도 보급형 주거의 원형이 될 수 있겠다고 생각했습니다." 하지만 슬프게도 그 꿈은 아직 실현되지 않았다.

스티븐 얼릭(Steven Ehrlich, 1946-)은 캘리포니아주 베니스의 조용한 거리에 산다. 그는 모퉁이에 위치한 대지를 반투명의 흰색 아크릴-섬유유리 막으로 에워쌌는데, 바로 이 벽을 통해 행인들의 그림자가 어른거리고 밤에는 실내에서 빛이 흘러나온다. 2005년에 완공된 얼릭의 2층짜리 주택은 대지의 선형성을 활용하며, 5m 높이의 미닫이 유리들을 통해 삼면으로 공간이 개방된다. 서쪽으로는 거대한 가지를 친 소나무가, 남쪽으로는 출입 마당과 수영장이, 동쪽으로는 정원 마당이 위치하며, 실내와 실외가, 콘크리트 바닥과 인공 요소가 자연스럽게 연결된다. 수영장 위로 높이 설치한 외부

골조에 끼운 붉은 전동 차양은 햇빛을 차단하는 또 하나의 막을 형성하며 흥미로운 그림자 효과를 일으킨다. 대지 끝에는 스튜디오-게스트하우스가 단독 건물로 서 있다. 강철 들보를 노출했고, 개방된 삼면은 부식된 코르텐 강으로 마감했으며, 북쪽에는 구슬로 연마한 콘크리트 블록으로 후면 경계 벽을 세웠다.

이 집은 골격이 크고 거칠지만, 자연 공간이 있고 도널드 저드가 했던 것처럼 미장 벽토를 세련되게 적용한데다 핀 율(Finn Juhl)의 합판 가구를 활용해 부드러운 분위기를 자아낸다. 얼릭은 저널리스트인 아내 낸시 그리핀(Nancy Griffin)과 이 집에서 함께 사는데, 성인이 된 세 딸들이 이따금 찾아와 중앙 빈 공간 위의 쌈지 공간에서 하룻밤을 묵곤 한다. 이외에도 내밀한 비밀 공간이 더 있으며, 중앙 계단과 예술품, 절충적인 가구는 바람이 잘 들고 햇빛이 가득한 공간 속에서 떠다니는 것처럼 보인다. 어느 지점에서 시작하든 이곳을 전체적으로 살펴보고 나면, 이 최소한의 보금자리에서 최대한의 감동을 받을 것이다.

얼릭은 이렇게 말한다. "베니스는 거칠고 꾸미지 않아요. 이 집도 그렇습니다." 그는 6년간 아프리카에서 살면서 마당의 장점을 발견했는데, 그중 2년은 모로코의 마라케시에서 평화봉사단(Peace Corps)의 건축가로 활동했다. "사생활을 누리면서도 개방적으로 기후에 순응하는 복합 주거에 사는 게 좋아요. 걸어 나가기만 하면 활기찬 공동체의 일원이 되는 곳이요."

스티븐 얼릭의 주거 개념은 북아프리카 평화봉사단에서 자원봉사자 생활을 할 때 형성되었다. 캘리포니아주 베니스에 지은 그의 집은 개방적으로 기후에 순응한다.

스콧 존슨
SCOTT JOHNSON

벽 주택
WALL HOUSE

미국 캘리포니아 오하이
OJAI, CALIFORNIA, USA

매끈한 고층 건물은 스콧 존슨이 공동 창립한 회사의 전문 분야이지만, 존슨 개인의 예술가적 기질은 주택 설계에서 드러난다. 그는 매년 한두 채의 집을 설계하려고 노력하며, 지금까지 자기 가족을 위한 주택 네 채를 시범적으로 설계했다. 최근에 설계한 집은 코르텐 강과 유리, 콘크리트, 석재로 만든 주말 주택으로, 그와 아내 마거릿 베이츠(Margaret Bates) 박사가 함께 사는 로스앤젤레스 도심의 최상층 주거에서 자동차로 90분 거리에 있다.

존슨은 이렇게 말한다. "제가 광활한 바다를 너무나 좋아해서, 아내와 함께 말리부의 땅 한 곳을 물색하기 시작했습니다. 아내는 숲을 더 좋아하지만, 저는 해변에서 우리가 원하는 삶을 누려본 적이 없다는 걸 깨달았거든요. 결국 한 농장 외곽에 있는 5만m^2 넓이의 기다란 필지를 찾아냈죠. 그 옆에는 사생활을 보호해줄 떡갈나무 200그루가 있는데다, 나무에 물을 댈 개울도 흐르고 있었어요. 저는 살리나스 밸리에서 자랐고, 아버지가 농학자였기에 농부에 관해서는 모르는 게 없을 정도예요. 그들과 가격 흥정은 하지 마세요. 저는 땅주인이 중개인에게 제시한 가격 그대로 합의하고 악수했어요. 지금까지 한 일 중 가장 잘한 일이었죠. 그에 대한 보상으로 엄청나게 많은 혜택을 얻었거든요."

그는 설명을 이어간다. "현장을 보러 간 날 집의 방향을 어떻게 해야 할지, 어디에 앉혀야 할지를 깨달았어요. 집을 여러 채 짓다 보면 자신이 뭘 좋아하는지, 다른 대안은 또 뭐가 가능한지 알게 돼요. 여기서 저는 평탄한 대지 위에 선 하나를 그려 넣어 강력한 느낌을 주고 싶었습니다. 공적인 공간에는 불투명한 벽을 두고, 다른 쪽에는 숲을 내다보는 사적이고 투명한 입면을 두는 식으로요. 수많은 안들을 반복하며 연구했지만, 결과는 아주 빨리 종합됐어요. 다른 의뢰인이 살 집을 설계해본 사람이라면 자기 집 설계는 식은 죽 먹기죠. 게다가 아내는 훌륭한 의뢰인이에요. 처음에 원하는 몇 가지만 말하고서, 제 맘대로 하게 내버려두는 성격이니까요."

" 나이가 들수록 기본적인 걸 중시하게 돼요.
저는 명료한 걸 원하고, 건축가들만큼이나
제임스 터렐과 월터 드 마리아, 도널드 저드 같은
예술가들을 좋아합니다."

스콧 존슨

남쪽 끝엔 주인 침실, 북쪽엔 손님 침실이 있고
그 사이에 길게 뻗은 개방형 거실과 주방이 있는
이원적인 공간 계획은 공간에 유연성을 부여하고
반려견이 뛰놀기에도 안성맞춤이다. 바닥에 깐
석재들은 이 집의 주변 풍경과 어울리고, 송판무늬
거푸집에 타설한 콘크리트 내벽과 벽난로에는
빛이 들며, 덩굴식물로 지붕을 덮은 정자는 정찬용
테라스에 그늘을 드리운다. 거실에는 책이 줄지어
놓여 있고, 그 외에도 존슨이 직접 디자인한 몇몇
의자를 비롯한 여분의 가구가 놓여 있다.

존슨은 이렇게 말한다. "아들이 요리학교에
진학했는데 여기로 데려오고 싶었습니다. 주방 설비에
관해 아들에게 상담했어요. 그리고 딸아이는 피아노
반주자와 함께 노래하기 때문에 거실 천장을 낮추고
음향 효과가 좋아지도록 천장을 뚫었어요. 연단을
만들고, 청중이 앉을 수 있게 낮은 바닥의 좌석을
됐지요. 물론 그 청중은 우리 부부일 때가 많지만요.
아내는 보통 정원에 있거나 환자의 의료 기록을
검토해요. 저는 대개 차고에서 그림을 그리고 있죠.
물론 스튜디오가 지어지면 거기서 그릴 거예요."

호세 셀가스 + 루시아 카노
JOSÉ SELGAS & LUCÍA CANO

실리콘 주택
SILICON HOUSE

스페인 마드리드
MADRID, SPAIN

마드리드 교외의 라 플로리다(La Florida)에 있는
2천㎡ 넓이의 삼림지에 위치한 이 집은 자연에 대한
깊은 존중 속에서 탄생했다. 호세 셀가스와 루시아
카노 부부는 첫 아이를 가졌을 때 도심의 한 집을
살 뻔했었지만 그보다 공기가 신선하고 나무 그늘이
우거진 건강한 환경이 필요하다는 걸 깨달았다.
셀가스는 이렇게 회상한다. "다른 프로젝트를 많이
하고 있을 때였죠. 이건 덤으로 하는 일에 불과했고,
우리 집이라 가장 마지막 순위에 있었죠. 다른 집을
설계할 때와 똑같이 접근했어요. 집을 설계할 때마다
이렇게 생각합니다. '저기서 앉거나 자면 어떨까?
나라면 이걸 감당할 수 있을까?'"

부부는 거실로 쓸 좁은 공간과 침실로 쓸 긴 공간으로
양분되는 집을 스케치했고, 오래된 나무들을 보존하는
방향으로 개념을 발전시켰다. 이는 꽤 어려운

작업이었는데, 완만한 비탈을 덮은 떡갈나무와
느릅나무, 물푸레나무, 아카시아, 플라타너스는 모두
주변에서 새들이 날아와 씨를 뿌린 것으로 불규칙하게
자라났기 때문이다. 배치도에 모든 나무를 일일이
표시한 뒤 그 사이에 이 집을 지었다. (신기하게도
그 모양이 뉴질랜드 국토의 형상과 닮았다.) 풍경을
해치지 않도록 단층짜리 집을 경사면에 반쯤 묻었고,
파낸 흙은 필지의 지형 보강에 활용했다.

건축가 부부는 설계실을 짓기에 적합한 또 하나의
땅을 찾았다. 튜브 모양의 투명한 공간을 증축해 몇
미터만 집에서 걸어 나가면 사무실이 나올 수 있게
했다. 대지는 수영장으로 등록되었는데 준공검사관은
이 집에 왜 두 번째 수영장이 붙어 있는지 궁금해했다.
셀가스가 대답했다. "저흰 수영을 아주 좋아하거든요."

낮은 바닥의 테라스는 유리로
된 출입 현관으로 이어지고,
왼쪽으로는 거실이,
오른쪽으로는 침실이 이어진다.

위의 배치도에서 나타나듯이
이 집은 숲을 보존하려는
의도로 공간을 배치하고 형태를
잡았다.

콘크리트를 타설해 만든 낮은 벽체가 아크릴로 된 긴 수평 창을 지지하고 있다. 이 집은 땅에 미치는 영향을 최소화하는 선에서 지면 아래쪽에 배치해 지속가능성을 높였다.

셀가스카노(SelgasCano)의 공동 대표인 부부는 경량성과 투명성 높은 건축의 달인이며, 2015년에 설치한 서펜타인 갤러리 파빌리온에서 나타나듯 강렬한 색을 즐겨 쓴다. 180㎡ 넓이의 이 집은 그들의 디자인 철학을 잘 보여주는 모델이자, 각종 아이디어와 재료의 실험장이기도 하다. 부부는 난간 없는 2개의 관망대로 개념을 잡은 뒤 집의 기능을 부여했다.

오렌지색 페인트로 칠한 강철 테두리의 옥상 테라스는 거실의 지붕이 되고, 파란색 테두리의 테라스는 그보다 낮게 설치되어 침실 구역의 지붕을 이룬다. 계단을 통해 양쪽 공간으로 진입할 수 있으며, 연중 어느 때나 특히 해 질 녘이면 야외 활동을 하기 좋다. 최초 계획은 테라스를 실리콘 타일로 덮는 것이었다. (그래서 이 집의 이름이 실리콘 주택이 됐다). 하지만 결국에는 단열 효과가 좋고 걸을 때 표면의 탄성이 느껴지는 고무를 10cm 두께로 깔기로 했다. 셀가스는 이렇게 말한다. "시공자들과 가깝게 지내야 합니다. 그들에게서 뭔가를 배울 수 있어요. 우리는 늘 시공에 관여하고, 심지어 직접 시공자가 되어 작업하기도 해요. 많은 디테일 작업을 현장에서 시공자와 함께 했지만, 완공 전에 시공자가 일을 그만두면서 말하더군요. 이건 실험이지 집이 아니라고요."

진입로의 계단을 따라 내려오면 여러 높이의 목조 데크에 이르게 되고 양쪽에 매스를 둔 투명한 연결 구조가 나타난다. 출입용 구조물과 긴 수평 창에 유리 대신 아크릴을 썼다. 색이 없고, 열과 자외선 유입을 줄여주는데다, 더 저렴하게 휠 수 있는 재료이기 때문이다. 낮은 벽들은 콘크리트를 타설한 것으로, 거푸집은 재활용해 상부 벽체를 덮는 판자로 썼다. 날씬한 강철 지주가 페인트를 칠한 목조 천장 들보를 떠받치고 있다. 이 집은 아크릴 접이식 문을 통해 앞뒤에 있는 데크로 개방된다. 주방에는 오렌지색 리놀륨을 사용했고, 다른 바닥들은 콘크리트에 페인트를 칠했다.

개방형 평면의 거실은 소박하지만 흥미로워 보인다. 3개의 아크릴 구(球)가 거실로 빛을 끌어오고,

천장의 환기구는 더운 공기를 배출한다. 강철로 만든 벽난로는 미니멀리즘 조각을 닮았다. 벽에 벤치와 창고를 붙박이로 설치했고, 천장에 강철 책장을 매달았으며, 다채롭게 색을 입힌 경량의 이동식 가구를 사용했다. 주인 침실에는 도르래를 설치해 목조 셔터를 오르내릴 수 있게 했다.

이 집은 좋은 단열재와 쿠션처럼 집을 에워싸는 땅, 맞통풍 등을 활용해 높은 수준의 지속가능성을 달성하므로 따로 에어컨을 쓸 필요가 없다. 사실 라 플로리다 지역은 여름철 온도가 야간에도 40℃까지

오르는 도심보다 훨씬 시원한 곳이긴 하다.

셀가스는 이렇게 말한다. "저희는 의뢰인과 함께 일하는 걸 좋아해요. 의뢰인과 나누는 대화는 늘 우리 작업을 풍부하게 하거든요. 이 집은 우리가 건축가이자 의뢰인이기도 해서, 그런 토론을 할 기회가 없었어요. 주된 아이디어는 루시아한테서 나왔지만, 우리가 하는 일은 말하자면 양피지에 다시 쓰기 같은 거예요. 머리를 엄청 굴리고 손을 많이 쓰면서 덧붙이고, 빼고, 바꾸죠. 건축물을 지을 때는 사람들이 많이 관여할수록 더 좋아요."

돈 머피
DON MURPHY

소데 하우스
SODAE HOUSE

네덜란드 암스테르담
AMSTERDAM, THE NETHERLANDS

담쟁이로 덮인 폐허가
이 조각적인 집에 영감을
주었다. 이 집의 거친 표면은
덩굴식물이 자라기 좋은
조건이므로 수북이 자라나
땅과 하나처럼 보일 것이다.

돈 머피는 "당신의 집을 직접 설계해서 지으면 그게 당신의 일부가 됩니다."라고 말한다. "사람들은 종종 말해요. '아, 건축가가 되어 평소 꿈에 그리던 집을 설계하면 정말 환상적일 거야'라고요. 그러면 저는 이렇게 대답하죠. '그건 꿈이 아니라, 악몽이에요!' 건축을 많이 하면 할수록 더 많은 노력이 필요해요. 규준에서 벗어나는 모든 걸 신경 써야 하죠. 건축가는 사기만의 마감시한을 정할 필요가 있어요. 의뢰인이 있다면, 제시간에 예산에 맞게 결정하는 건 필수입니다."

그는 설명을 이어간다. "패션 디자이너인 아내 실비는 제가 예전에 작업했던 집 대여섯 채가 잡지에 소개된 걸 보고는 우리 집도 지어보자고 했어요. 저도 그러자고 말은 했지만, 사실 그 꾐에 넘어가고 싶지 않았습니다." 하지만 그는 아내의 꾐을 피할 수 없었다. 실비는 암스텔강 옆에 있는 네덜란드에서 가장 오래된 해안 간척지 중 한 곳을 발견했다. 1930년대에 개발된 암스테르담 종합계획 지역은 손 모양과 닮았는데, 도심은 손바닥과, 도시의 확장 구역들은 손가락과 닮았고, 그 사이마다 녹지가 잘 보전된 자연보호 구역이 쐐기처럼 박혀 있다. 이미 개발된 필지는 건설이 제한되어 있어서, 머피 부부는 철거 부지를 사들여 자택을 짓게 됐다.

관련 건축법규는 21m×9m 이하의 건축면적과 벽 높이, 그리고 경사각이 15도에서 60도 사이인 지붕 두 개를 허용하고 있었다. 머피는 다른 땅주인들은 주로 큰 초가집 한 채를 설계하고 건축 허가를 받으려 했다는 걸 알았다. "'세상에, 난 저런 곳에서 살지 못할 거야.' 그때 그렇게 생각했어요. 뭔가 다른 걸 제안하면 허가를 받지 못할 수도 있겠단 생각도 들었죠. 무려 50번이나 스케치를 반복한 끝에, 경사지 벽과 지붕을 갖춘 선형 콘크리트 블록 형태로 결정했습니다. 지자체 공무원들이 제게 '그렇게 하시면 안 된다'고 하더군요. 하지만 그쪽 법무관들이 법규에 경사진 벽을 금하는 조항이 없다는 걸 확인하고 설계 검토 위원회로 넘겼어요."

공청회가 있었고 머피는 전통적인 전원주택에 작은 창을 내는 이유가 농부와 어부들이 하루 종일 나가 있다가 집에 돌아오면 습기가 적고 쾌적한 상태를 원하기 때문이라고 설명해 승인을 얻었다. 공청회 참가자들은 바깥 풍경을 내다보는 것 따위에는 관심이 없었다. 하지만 도시의 사무실에서 일과를 보내는 전문직 종사자들은 바로 그런 걸 기대한다. 머피는 말한다. "우리는 시골에 걸맞는 새로운 유형을 찾으려고 노력 중이에요. 식물과 곤충을 내쫓지 않는 거친 외피를 가진 주거 유형 말이죠. 전통 양식을

따르지만 눈부시게 하얀 대부분의 현대 건축물처럼 주변과 말끔한 대비를 이루는 게 아니라, 자연과 함께 시너지를 일으키고 싶어요. 어릴 적 아일랜드에서 자라면서 담쟁이덩굴로 덮인 폐허에 흥미를 느꼈어요. 네덜란드에는 제2차 세계대전 때의 벙커가 산재해 있는데, 여기도 담쟁이가 덮여 있습니다. 저는 이 집을 그렇게 만들고 싶었어요."

자연 풍경이 보이는 조망을 극대화하기 위해, 머피는 가로로 긴 창이 있는 위층에 거실을 뒀고 그 아래에 침실을, 지하층에는 놀이방을 뒀다. (지하층은 수영장을 뒤집은 것처럼 물이 침투하지 않아야 했다.) 최상층은 해수면과 높이가 같고, 지하층은 그보다 7m가 낮다. 이 건물은 7m 간격의 세 구간으로 나뉜 철골과 콘크리트 블록을 결합한 구조이며, 그 위에 단열재와 금속 망을 덮고 콘크리트를 분사한 뒤 흙손으로 예각 처리를 했다. 또한 동쪽으로는 물과 목초지로 개방되고, 서쪽으로는 시에서 소유한 땅들과 근접해 있다. 아내 실비도 설계 과정에 참여해 유리 면적은 어느 정도로 할지, 반려견의 방은 어떻게

꾸밀지, 주방은 얼마나 파격적으로 구성할지에 대해 남편과 함께 오랜 시간 논의했다. 부부는 이 집을 가족 구성원들의 이름 첫 자를 따 부르기로 했다. 그래서 처음에는 실비(Sylvie)의 S, 오스카(Oscar)의 O, 돈 (Don)의 D, 에이바(Ava)의 A를 따서 소다(SODA) 라고 불렸지만, 집을 설계하는 동안 막내 이든(Eden) 이 태어나 마지막에 E를 덧붙여 부르게 됐다.

이 집은 향과 맞통풍, 풍부한 자연광으로 지속가능성을 높였다. 거실에 바닥 난방을 설치해 별도의 냉난방기를 둘 필요가 없다. 하지만 머피는 이 집을 다시 짓는다면 지열 펌프를 설치할 거라고 한다. "매일같이 여기서 사는 걸 감사히 여겨요. 처음에는 몇몇 이웃들이 우리에게 화를 냈어요. '정말 못생긴 집이네요! 어떻게 이런 걸 지을 수가 있죠?'라면서요. 요즘 주변에서 운전하다 보면 집이 눈에 띄지 않아요. 절반이 담쟁이로 덮였으니까요. 지금까지 여기서 약 80종의 새를 봤어요. 황새도 봤고, 왜가리도 봤죠. 심지어 가재도 잔디로 기어 올라와요. 밤에 바깥에서 촛불을 켜면 야생 동물이 우리에게 다가올 정도죠."

안드레아 + 루카 폰시
ANDREA & LUCA PONSI

카사 마렘마
CASA MAREMMA

이탈리아 말리아노 인 토스카나
MAGLIANO IN TOSCANA, ITALY

이탈리아인들은 자기가 태어난 도시와 지방을
사랑한다. 국가에 대한 애정은 그다음 순위다. (물론
국가대표팀이 경기할 때는 그렇지 않다.) 안드레아
폰시는 피렌체에 깊은 애착이 있었고 올트라르노에
있던 그의 스튜디오에 대해서도 마찬가지였으나,
그의 고향은 토스카나주의 항구도시 비아레조였다.
그래서 비아레조에서 해변 주택 한 채를 주말

별장으로 리모델링하려고 시도했지만, 맘에 들거나
저렴한 집을 찾을 수 없어서 해안선을 따라 남쪽으로
이동했다. 마침내 자연미가 빼어난 농촌 지역인
마렘마에 5천m^2의 땅을 살 수 있었다. 그 언덕 꼭대기
부지에서는 포도밭과 올리브나무, 농가주택이 있는
완만한 풍경과 더불어 몬테 아르젠타리오 반도와
질리오 섬이 내다보인다.

이탈리아에서는 건설 공사에 대한 규제가 심해서
건축하기가 꽤 힘들다. 마렘마에서는 마을에서 먼
곳일수록 신축을 허용하지 않는 편이다. 하지만
폰시는 운이 좋았다. 예전 땅주인이 매매용 주택
한 채를 짓는 공사를 허가받아 이미 설비 계통을
연결해둔 상태였다. 인근 소도시 말리아노의
건축부서는 아주 빠듯한 외피 속에 현대적인 집
한 채를 짓는 아이디어를 허가해주면서 폰시에게
제안했다. 주변의 볼품없는 건물 하나를 사서
철거하면 자택을 지을 때 건축면적을 넓힐 수 있게
해주겠다고 말이다. 이렇게 해서 그는 35㎡를 더
얻었지만, 건축법규상으로는 차고 면적을 좀 더
점유할 수 있어서 결국 200㎡의 건축면적을 얻었다.

폰시는 말한다. "건축가인 제 아들 루카와 함께한
프로젝트였어요. 우리는 다양한 디자인을 고려했지만,
기본 개념은 명확했어요. 수평으로 펼쳐진 풍경과
호응하면서 수평선 쪽으로 완만하게 내려가는 집을
만드는 거였죠. 또한 유지관리가 쉽고 오래 비워도
안전한 집이어야 했어요." 폰시와 아들은 3층짜리
구조를 고안했는데, 2층은 산중턱에 한쪽이 파묻혀
있고 이 지역에서 채취되는 응회암을 10-15cm
깊이로 교대해가며 쌓은 현관 쪽 입면만 노출했다.
손님 침실이 두 곳 있고(그중 한 곳은 차고를
대신한다), 기계실이 있으며, 뒤쪽에는 수영장이
마련되었다. 계단을 따라 올라가면 테라스가 나오는데,
강철 데크로 일부가 덮인 이 테라스를 중심으로

응회암과 흰색 벽토, 어두운 색의 판자가 이 집을 풍경 속에 스며들게 해서 마치 남부 토스카나의 산림 중턱에 떠 있는 것처럼 보이게 만든다(왼쪽). 거실은 그늘진 수영장 테라스를 향해 열린다(옆면).

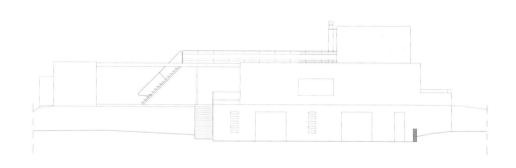

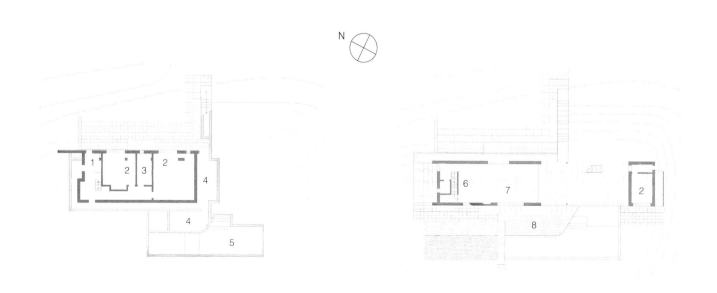

선형의 거실 공간과 반대쪽 끝의 세 번째 침실로 나뉜다. 수영장은 물이 넘실대면서 아득한 바다와 겹쳐 보이고, 해당 층 전체를 흰색 치장벽토로 마감해 마치 땅 위에 가볍게 떠 있는 것처럼 보인다. 어두운 색의 판자들로 마감한 주인 침실 쪽으로 강철 계단이 집중적으로 연결된다. 콘크리트 골조에 30cm 깊이의 벽돌 공간쌓기를 해서 단열성과 안정성을 확보했지만, 이 집에 개성을 부여하는 건 바로 건물의 외피다.

폰시는 이렇게 말한다. "30년 전 샌프란시스코의 다른 사무실에서 일할 때 이 집과 아주 비슷한 모습의 도면을 그린 적이 있죠. 그로부터 간직해온 어떤 이미지가 있었는데, 그게 10년 전 티베론에서 참가했던 공모전과 주택 작업에 영감을 줬어요. 그 이미지는 저와 함께 발전했고, 마침내 그걸 실현하게

된 거죠." 설계 승인을 받은 후 모범적으로 작업해줄 만한 지역의 시공자를 찾아 선정했다. 공사는 약 2년간 계속됐다. 난관은 공사 초기에 딱 한 번 있었다. 배치도를 꼼꼼히 살피던 폰시는 점선이 그려져 있는 걸 확인했는데, 집에서 뻗어나가도록 계획한 급수관이 수영장을 우회하지 않고 관통한다는 뜻이었다. 폰시는 당시를 이렇게 회상한다. "그때 다행히 다른 일정이 없어서 제가 계획을 변경할 수 있었어요. 그리고 조경 공사는 직접 했어요. 할 수 있는 데까지 배워가면서 말이죠. 안쪽으로 들어와 보니 땅에 물을 어떻게 대야 할지 모르겠더군요. 한 수맥장이한테 많은 돈을 지불했는데, 여기에 물이 없다고 그랬거든요. 몇 달 후에 제 정원사가 새로운 수맥장이를 추천해줬어요. 겨우 50유로밖에 안 받은 사람이었는데, 물줄기를 바로 찾더군요.

"풍경과 하늘, 그리고 이 집 자체가 제 맘을 달래주는
쉼터예요. 이곳에 올 때마다 생각하죠. 새로운
의자를 디자인할 수도, 풍경에 뭔가 보탤 수도
있겠다고요."

안드레아 폰시

우린 60m 깊이까지 뚫었고, 우물을 갖게 됐어요."
가구는 폰시가 직접 설계한 최소한의 품목만 배치했고
방열기와 기타 집기는 오랫동안 그가 즐겨 사용해온
재료인 동판으로 마감했다. 여름철에 여기서
드라이브하거나 주말을 보낼 때면, 폰시는 할아버지와
산속에서 보냈던 유년 시절의 휴가를 떠올린다.

이곳에 오는 건 피렌체를 덮치는 갑작스런 더위와
관광객 무리에서 벗어나는 기분 좋은 경험이다.
폰시는 이렇게 말한다. "풍경과 하늘, 그리고 이 집
자체가 제 맘을 달래주는 쉼터예요. 이곳에 올 때마다
생각하죠. 새로운 의자를 디자인할 수도, 풍경에 뭔가
보탤 수도 있겠다고요."

직접 디자인한 가구와 집기들은
동판과 목재를 선호하는 그의
취향을 반영한다(옆면). 위층의
주인 침실은 저 멀리 가까스로
보이는 티레니아해를 창틀 속에
담아낸다(위).

크리스티안 운두라가
CRISTIÁN UNDURRAGA

수평의 집
CASAS DEL HORIZONTE

칠레 사파야르
ZAPALLAR, CHILE

크리스티안 운두라가가 자신의 대가족을 위해 지은 이 쌍둥이 별장은 울퉁불퉁한 해안선을 따라 조성되었고, 산티아고의 사무실에서 자동차로 90분 거리에 있다. 산맥과 태평양 사이의 좁은 해안선을 따라 곳곳에 현대적인 해안 별장들이 산재한 것만 봐도 알 수 있듯 입지가 아주 좋다. 운두라가는 화산암반 꼭대기에서 태평양 쪽으로 25m 내려간 계단식 지형에 있는 5천㎡ 넓이의 대지를 발견했나. 그는 이렇게 회상한다. "바로 옆에 공동묘지가 있어서 아무도 그곳에 살려고 하지 않았어요. 그런데 저한텐 그게 이상적인 조건이에요. 조용하고, 더 지어질 건물도 없을 테니까요. 그 묘지는 제 정원을 연장한 것이나 다름없죠. 저는 거기서 산책하는 걸 좋아합니다."

운두라가는 지금까지 10채의 집을 지었는데, 그중에는 산티아고에 지었다가 언제부턴가 좁게 느껴져서 팔아버린 자택 두 채도 있다. 그는 자신의 회사에서 대형 프로젝트를 할 때 그 두 집을 모델로 삼는다.

그와 아내는 아홉 명의 자녀를 두고 있는데 그들도 이젠 각자의 가족을 꾸리고 있어서 이 대가족이 주말과 휴일에 모이려면 더 넓은 공간이 필요했다. 어려웠던 점은 넓으면서도 압도적이지 않은 집을 만드는 것, 그리고 그 집이 거친 지형 경관뿐만 아니라 광활한 태평양과도 대화를 나누게 하는 것이었다. 운두라가는 수 시간 동안 현장을 답사한 다음, 수평선 하나를 스케치하고 그 개념을 평면에서 비틀대는 모양의 선형 콘크리트 블록 2개로 발전시켰다. 각 블록은 (높이 2.4m에 길이는 각각 44m와 48m인) 프리스트레스트 콘크리트 들보를 활용하는데, 여기에 위층을 매단 다음 그걸 다시 양쪽과 중앙에서 기둥이 지지하는 구조로 만들었다. 이는 활성 지진대의 건축물에 필요한 구조적 유연성을 확보하는 방법이다.

디자인에 살을 붙이기 시작하면서 운두라가는 자신이 작업하고 있던 작은 예배당인 은둔자의 교회(Capilla del Retiro)를 생각했다. 또한 산티아고에 소재한 칠레 대통령궁이자 칠레의 제29대 대통령 살바토레 아옌데

건축가와 그의 대가족을 위한
이 대형 별장은 수평선과
호응하며 지면을 포용하는
콘크리트와 유리로 된 2개의
막대 형상으로 나뉜다.

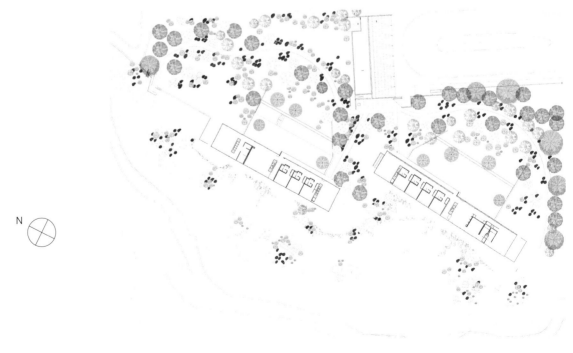

N

(Salvatore Allende, 1908-1973)가 1973년 군사 쿠데타 때 최후의 저항을 했던 모네다 궁전(Moneda Palace)에 운두라가 자신이 증축한 지하 문화센터를 생각했다. 두 프로젝트는 모두 건축과 구조를 온전한 하나로 융합하려는 데 목적이 있었다. 이 집의 돌출된 들보들은 도널드 저드의 조각을 닮았으며 암석으로 마감한 벽체와, 유리 난간과 사면을 에워싼 수평 창문의 투명성과 상호작용한다.

좁은 진입로와 공공 영역, 이웃 부지 바로 옆에서 사생활을 보호받을 수 있도록, 2개의 블록을 중심으로 터파기를 하고 남은 흙더미는 지역에서 채석한 돌을 붙인 옹벽 뒤에 쌓았다. 이런 식으로 수영장과 정원이 위치할 공간을 파냈고, 블록으로 인해 땅이 훼손되는

것을 최소화했다. 딱딱한 표면 위로 덩굴식물이 자라나면서 색과 부드러운 질감을 더한다. 운두라가는 이렇게 설명한다. "집의 길이와 규모가 기초 원리가 되었습니다. 멀리서 보면 하나의 선이 묘지의 숲과 조각적인 암반과 묘하게 얽혀 있는 모습인데, 마치 수평선에서 하나의 예술 작품이 확장하는 것처럼 보여요. 접근할수록 그 선은 2개의 획이 됩니다. 진입 지점에서 첫 번째 집이 먼저 보이고, 이어서 더 작은 규모의 나머지 집이 보이죠."

이 집은 총 $924 m^2$의 실내 공간에 무려 10개의 침실이 있는데도 전혀 호텔처럼 느껴지지 않는다. 각 블록의 1층은 아령처럼 배치되었는데, 양쪽 끝에는 모임 공간과 주방, 그리고 아이들 놀이방이 있고,

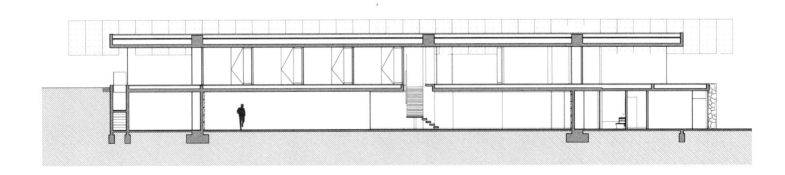

거실 구역은 양측 테라스로
개방되고, 계단은 각 블록의
위층 침실로 이어지며, 모든
방에서는 바다의 전경이
내다보인다.

그 사이에는 열린 공간이 있어서 여름철에 그늘진
정찬용 테라스가 되고 바람막이 기능을 한다. 이로써
아령 모양의 막대 부분이 각각 연결 구조 역할을 하게
된다. 미닫이 유리문들은 테라스와 수영장을 향해
열리면서 여름철에 맞통풍을 일으키고 탁 트인 조망을
제공한다. 맑은 날에는 후미진 만(灣)을 가로질러
남쪽으로 60km 떨어진 발파라이소의 도시 경관까지
보인다.

북쪽에 면한 위층 침실 옆의 복도들은 겨울철에
햇볕을 받아 따뜻하고 여름철에는 차양을 쳐 그늘이
진다. 바닥은 콘크리트로 만들었고, 위층 침실 구역은
세라믹타일로 덮었다. 운두라가의 아내 아나 루이사
데베스(Ana Luisa Devés)는 부부의 이름을 딴
건축사무소 운두라가 데베스의 공동 창립자였지만

지금은 집안일을 하며 조각가로 활동한다. 이 집
주변에 설치한 데베스의 작품들은 부족한 현대식
가구들을 보완하는 효과가 있다.

가족은 이곳에서 가능한 한 자주 모이며, 수영장에서
아이들이 뛰놀고 한가로이 점심을 먹던 부모들이
그들을 찾아다닐 땐 활기가 넘친다. 운두라가에게는
이 집이 도심 사무실에서 받던 압박에서 벗어나는
쉼터인 셈인데, 조용히 은신할 만한 곳이 많기
때문이다.

건축가는 말한다. "내게는 이 집이 무겁기보다 가볍게
느껴져요. 그리고 때로는 수도원만큼이나 조용한
집이기도 하죠. 책을 읽고, 글을 쓰고, 그림을 그리고,
건축에 관해 생각하기에 훌륭한 곳입니다."

수잔네 노비스
SUSANNE NOBIS

하우스 인 베르크
HAUS IN BERG

독일 슈타른베르크 호수
LAKE STARNBERG, GERMANY

수잔네 노비스는 뮌헨에서 남쪽으로 30분을 운전해 가야하는 슈타른베르크 호안으로 이사했는데, 그 이유를 이렇게 설명한다. "제 어린 시절처럼 암소를 볼 수 있는 시골에서 아이들을 키우는 게 좋겠다고 생각했어요." 그녀의 땅은 알프스 산기슭의 목가적인 전원 지대에 있다. 이곳은 오래전부터 살기 좋은 곳으로 알려졌고, 오래된 저택들이 있는 주변 필지는 호수변의 가로수 길에 면하고 있다. 암소들은 새로운 목초지로 옮겨갔고 호수는 주말 방문객들로 붐비지만, 이 전원 지대에는 이곳만의 자연미가 있고 풍부한 종류의 야생생물이 살고 있다.

노비스는 독일 남부로 이사하기 전에 베를린에서 살았다. 또한 이탈리아의 제노바에서도 얼마간 지냈는데, 모자이크 바닥을 갖춘 팔라초의 웅장한 살롱에 진을 치고 천장에 매달린 대나무 막대에 옷가지를 걸곤 했었다. 뮌헨에서는 한 보관 창고의 위층에 마련된 높은 천장고의 공간을 임대해, 온수와

전기 없이도 2년간 그곳에서 지내며 일했다. 이런 경험들을 통해, 그녀는 더더욱 천장이 높은 열린 공간을 선호하며 기본을 강조하게 됐다.

어려웠던 점은 이 프로젝트만의 강력한 개성, 말하자면 인근의 훨씬 더 작고 보수적인 집들과는 차별화된 집을 설계하되 이웃들의 반발을 초래하지 않는 것이었다. 영감의 원천이 된 것은 호숫가의 소형 보트 창고들이었는데, 그 작은 목조 헛간들은 개방형 끝단이 둘씩 쌍을 이루고 있었다. 노비스는 자기가 설계한 디자인을 알루미늄 골판으로 덮어 주택 외피에 잔물결이 이는 모양을 내기로 했다. 그리고 이 집은 가정집과 업무공간을 겸할 계획이어서 다양한 기능을 분리하는 게 합리적이었다. 같은 크기의 직사각형 간이건축물 2개를 앉히되, 하나를 다른 것보다 몇 미터 앞에 배치했다. 지역 풍토를 반영한 경사 지붕은 눈이 오래 쌓이지 않게 하고 실내의 천장고를 높여준다.

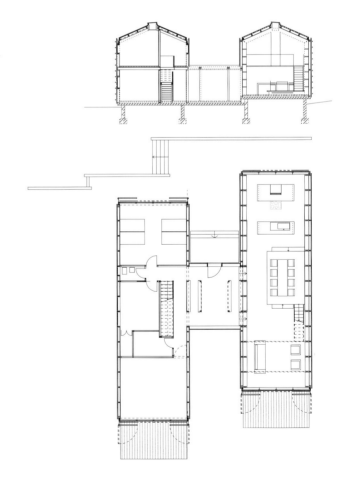

1층 평면도와 횡단면도(오른쪽)
그리고 2층 평면도와 입면도
(옆면)

이 쌍둥이 파빌리온은 호숫가의
보트 창고(옆면, 왼쪽 끝)에서
영감을 받았다. 투명한 출입
현관 하나를 통해 서로
연결되는 두 파빌리온은 양쪽
끝이 유리로만 이뤄져 있지만
경첩으로 연결된 금속 차양들로
햇빛을 차단할 수 있다.

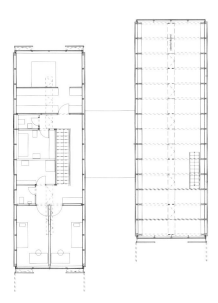

노비스는 한쪽 파빌리온의 1층과 2층에 각각 작업실과 침실을 배치했고, 다른 쪽에는 거실 공간을 분할 하지 않고 유리로 된 출입 현관과 연결했다. 파빌리온의 양끝은 전부 유리로 마감했기 때문에, 주변을 지나가는 지역 주민들은 집 안을 훤히 들여다볼 수 있다. 그리고 콘크리트 기단 위의 바닥은 지면보다 1m가 높아서 호숫가가 살짝 엿보인다. 이웃들은 동네에 들어선 이 은빛 환영과도 같은 건물을 처음에는 염려의 시선으로 보다가 이제는 받아들이게 되었다. 특히 덩굴식물이 기둥을 타고 양쪽으로 자라나 건물 외곽을 부드럽게 해주면서 이웃의 시선이 더더욱 좋아졌다. 건물 내외부의 경량 강철 계단은 이 집이 지면 위에 떠 있다는 인상을 더 강화한다.

노비스는 극적 효과와 효율성을 높이기 위해 파빌리온을 가능한 한 길고 높고 좁게 만들었다.

지붕 사면에 낸 선형의 천창은 자연광을 끌어들이며, 필요할 때 개방해 실내의 더운 공기를 배출할 수도 있다. 각 파빌리온은 북동쪽의 호수를 향해 있으며, 땅에서 띄워 잔디가 내려다보이는 뒤편 테라스를 향해 개방된다. 대문을 닮은 알루미늄 도관으로 만든 경첩 달린 스크린을 수동으로 조작해 업무공간의 양 끝과 생활공간의 남서쪽 끝에 그늘을 제공하고 사생활을 보호할 수 있다.

실내는 옹이가 진 가문비나무로 줄줄이 마감되어 따뜻하고 촉각적이며 향기로운 분위기를 자아낸다. 상향 조명들은 잘 짜인 캐비닛 안에서 생활하는 느낌이 들게 하며, 눈 오는 겨울이 되면 실내에서 뿜어져 나오는 기분좋은 빛 덕분에 일할 때나 휴식할 때 모두 유쾌하고 포근하게 보낼 수 있다. 거실에는 붙박이 책장을 가지런히 설치했고, 식탁은 바닥에서

한 단 높인 기단 위에 놓았다. 바우하우스 디자인의 철학을 따르는 검소한 가구들은 한 세기 전 독일이 모더니즘의 요람이었다는 사실을 일깨운다.

형태는 간소하지만, 천장 높이가 다양하고 시원시원하게 뻗는 내밀한 입체들이 교대로 나타나는 공간 구성이 풍부함을 더한다. 침실은 다락방 같은 느낌이 나는데, 호수가 내려다보이는 주인 침실은 좁은 복도를 통해 양 끝에 있는 한 쌍의 침실과 연결된다. 침실은 일부러 작게 만들었는데, 아이들이 사적인 공간에 틀어박혀 있지 않게 하기 위해서였다.

이 전략은 효과가 있었고, 어느덧 아이들은 성인이 되었다. 노비스는 이렇게 말한다. "시골에서 생활하며 일하는 것은 임신했을 때만큼 세상과 단절된 느낌을 주지는 않아요. 저는 매 시간마다 바닥과 벽을 옮겨 다니면서 입면과 실내에 그림자를 드리우는 변화무쌍한 빛이 좋아요." 그녀는 이제껏 여섯 채의 집을 추가로 설계했고, (인근 마을의 이름을 딴) 하우스 인 베르크에서 지내는 경험은 분명 향후 작업에 풍요로운 자극이 될 것이다.

레모 할터 + 토마스 루시
REMO HALTER & THOMAS LUSSI

쌍둥이 집
TWIN HOUSES

스위스 루체른 카스타니엔바움
KASTANIENBAUM, LUCERNE, SWITZERLAND

짙은 콘크리트 벽면과 덧문으로 가려진 베란다의 수수께끼 같은 입면은 중앙 벽체 양쪽에서 3층짜리 집을 가려주고, 옥상 테라스는 중앙 계단을 통해 접근할 수 있다.

루체른 호숫가의 숲에 예리하게 재단된 검정색 콘크리트 블록이 솟아 있다. 출입구를 차고 뒤에 만들어서 수평 개구부에서는 지붕으로 올라가는 난간 없는 계단만 보인다. 건물 양쪽에 격자형으로 낸 작은 원형 개구부들 역시 수수께끼 같다. 이 건물은 루체른의 풍족한 교외지역이자 이곳 밤나무 숲에서 이름을 딴 카스타니엔바움의 평범한 이웃 건물들과 극명한 대비를 이룬다. 레모 할터는 이 부지를 사서 520㎡의 2세대 주택을 설계했고, 그중 절반을 팔아 부지 비용을 분담했다.

당시 할터는 토마스 루시와 공동으로 사무소를 운영했지만, 지금은 브라질 출신 아내 크리스티나 카사그란데(Cristina Casagrande)와 자기 이름으로 사무소를 차렸다. 할터는 아내의 고향인 상파울루로 출장을 떠났을 때 베테랑 건축가 파울루 멘지스 다 호샤(Paulo Mendes da Rocha)를 만나 그의 집에서 시간을 보낸 적이 있다. 할터는 이 경험으로 인해 콘크리트라는 건축 재료에 더 끌리게 됐고 바쁜 삶에서 조용한 휴식을 취하기에 좋은 그늘진 실내를 더 좋아하게 됐다. 그래서 자택을 설계할 때 상층부의 개구부 개수를 최소한으로 유지했으며, 대신 1층은 숲속 풍경을 끌어들일 수 있게 유리로 마감했다. 검정색 콘크리트가 빛을 흡수하고, 무연탄색 래커를 칠한 가구는 빛을 반사하며, 자토바(붉그스름한 브라질 벚나무)를 깐 바닥은 열정적인

분위기를 조성한다. 할터는 이렇게 회상한다. "이 집은 하나의 실험이었어요. 어머니가 말씀하시더군요. '너 제정신이 아니구나. 어두컴컴한 집에서 살고 싶어? 정신과 의사가 필요하니?'라고요."

할터는 최근 브라질에서 순백의 집을 설계했지만, 이 집이야말로 자신과 아내에게 잘 맞을 뿐만 아니라 의뢰인에게 빛과 공간에 대한 자신의 생각을 설명하기에도 효과적인 곳이라고 생각한다. 사무실에서 10분 거리에 있지만, 마치 완전히 다른 세계처럼 느껴진다. 예각과 딱딱한 외피에도 불구하고, 이 집은 옛 일본 주택과 그것이 자연과 내밀하게 관계하는 특성을 닮았다. 할터는 가장 좋아하는 책 중 하나인 『그늘에 대하여』(1933)의 저자 다니자키 준이치로의 생각에 공감한다. 빛과 어둠의 대비를 소중히 여기고 하나에서 다른 것으로 변하는 모든 미묘한 전이에 중요한 가치를 매긴다.

드넓게 펼쳐지는 초록 잎과 숲과 하늘이 훌륭한 경관을 보여준다. 그리고 어둠의 연못은 불가사의하고 심지어 관능적이기까지 하다. 다행히도 할터는 이 집의 나머지 절반에서 살겠다는 맘 통하는 이웃을 찾았다. 여행을 아주 많이 하는 나이든 의사였는데, 할터처럼 조용한 쉼터를 중시하는 사람이었다. 이들은 우편함 앞에서 만나고 가끔 점심도 함께하지만, 각자 독립적으로 생활한다.

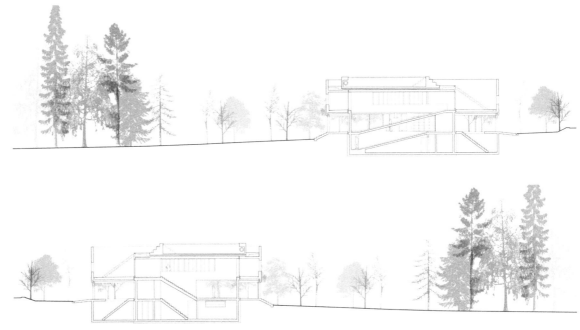

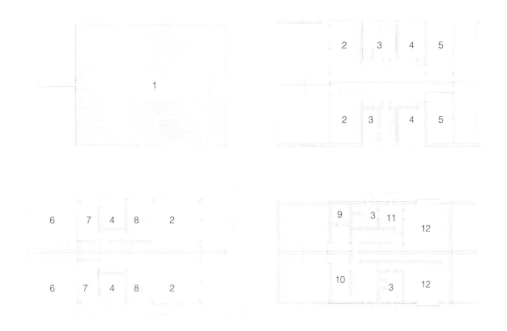

옥상과 2층 평면도(윗줄),
그리고 1층과 지하층 평면도
(아랫줄)

1 수영장
2 거실
3 욕실
4 작업실
5 침실
6 차고
7 현관
8 주방
9 창고
10 다용도실
11 세탁실
12 취미실

N

이 집은 건축면적이 $400\,m^2$이고, 중앙의 벽체가 옥상 수영장의 무게를 지탱하며, 날씬한 강철 지주들은 차고 위의 외팔보 구조를 떠받친다. 콘크리트 외벽은 바깥에 셔터를 달아 수평성을 강조하면서 균일하지 않은 타설의 흔적을 감췄고, 안쪽 벽면은 매끈하게 유광 처리했다. 이 건물이 하나의 큰 집처럼 보이게 하려는 것이었는데, 의도대로 방문객들은 곧잘 이 집을 한 세대의 집으로 오인하곤 한다. 각각 절반씩 차지하는 두 세대는 출입구가 안에 숨겨져 있고 평면도 서로 대칭이며, 지하층에는 다양한 시설이, 1층에는 뒤편 베란다로 열리는 거실 공간이, 2층에는 실내 안뜰이 내다보이는 침실 구역이 있다. 할터는 층간 이동을 자연스럽게 하기 위해 자기 세대 쪽에 경사로를, 상대 세대 쪽에는 계단을 설치했다. 할터는 이렇게 말한다. "직사각형에서 벗어나려고 시도했지만 이 집에서는 효과가 없었어요. 대지에 자리 잡을 존재감 있는 형태와 입체를 원했고, 숲으로 시선을 이끄는 자연 식재가 가능하도록 가능한 한 많은 땅을 비워두고 싶었습니다."

창문은 창틀 없이 콘크리트 벽체에 설치했고, 샤워장 바닥에 사용한 단단한 자토바 판재는 재료의 탄성을 증명해냈다. 할터는 한 엔지니어와 협력해 입면과 실내에 쓸 조명을 설치했다. 베란다는 밑으로 내리는 목재 덧문으로 닫을 수 있는데, 이런 덧문도 연한 떡갈나무 식탁과 기타 가구와 마찬가지로 빛을 반사한다. 천장의 매입 조명은 미술관처럼 특정 대상을 비추는데, 독서용 의자나 침대 또는 그림을 집중 조명한다. 환경조명은 사용하지 않았고, 각 방에 따라 맞춤형 조명을 달았다. 바닥과 수영장에는 지열펌프를 이용한 난방이 이뤄진다. 콘크리트가 온도 변화를 안정적으로 관리하는 이 집은 겨울철에 따뜻하고 여름철엔 시원한 온도를 유지한다.

" 지난 몇 년간, 저는 파격적인 집이 아주 살기 좋을 수
있다는 걸 배웠어요. 그래서 그런 집을 또 설계할
용기를 얻었죠. 자기 집을 설계하기란 그리
쉬운 일이 아니기 때문에, 자신만의 개성과 원칙을
표현하려고 시도해봐야 해요."

레모 할터

라몬 보쉬 + 엘리사베타 카프데페로
RAMON BOSCH & ELISABETA CAPDEFERRO

카사 콜라주
CASA COLLAGE

스페인 지로나
GIRONA, SPAIN

고대 카탈로니아 도시의 중세 유태인 지구에 있는 집에 새 생명을 불어넣기 위해 한 가족이 달려들었다. 엘리사베타 카프데페로와 남편 라몬 보쉬가 바르셀로나에서 건축을 공부하던 시절, 엘리사베타의 부모님은 이 집이 매물로 나온 걸 발견했다. 그녀의 아버지는 대목수였는데 이 집을 사서 자식 세대가 살 집으로 리모델링하기로 했다.

주변 동네는 오랜 쇠락기를 벗어나 회복되고 있었지만, 이 집만은 중세부터 현재까지 역사가 켜켜이 묻어나는 양피지와 다름없었다. 이 집은 13세기에 도시 성벽 위에 터를 잡은 뒤 마당 두 곳을 중심으로 구성된 1,500m²의 입체 미로로 확장됐다. 고딕식 계단, 아래쪽 중정에 있는 르네상스식 예배실, 그리고 노출된 도시 성벽의 일부를 고스란히 가지고 있으며, 스페인 내전 이후에는 중정들 주위로 소규모의 열일곱 세대가 들어서 공동주택이 되었다.

보쉬는 이렇게 설명한다. "장인어른이 주도적으로

나서서 부속 장식들을 없애고 구조를 안정적으로 만드셨어요. 물론 역사적인 도시 조직의 흔적은 존중하며 온전하게 남기셨지요. 어떤 변경을 하든, 시의 보전 관련 조례를 따라야 했어요. 개별 주택과 구역 전체에 적용되는 조례 말예요. 저는 졸업 후에 이 단지를 우리 대가족이 살 일곱 세대 주택으로 변경시킬 계획을 짰어요."

엘리사베타는 아버지와 마찬가지로 기존의 복잡성을 유지하면서 이 구조물을 복원해야 하는 도전에 직면했다. 그녀는 말한다. "이 집은 주요 벽체들이 골격 같은 뼈대를 이루고 있었어요. 한데 석회화가 진행되고 있어서 이 부분을 제거하고 중정의 텅 빈 느낌을 복원하기로 했죠. 학교에서는 명료하게 표현하라고 가르치지만, 여기서는 그보다 훨씬 더 융통성이 있어야 했습니다. 이 작업은 16년 넘게 드문드문 이어졌어요. 중간에 아버지가 다른 일을 하시거나, 제가 아이를 낳거나 하면서요. 이렇다 보니 우리가 해온 작업을 되짚어볼 기회가 주어졌죠.

다른 건설 현장에서 가져와 재활용한 대담한 패턴의 타일이 특별한 색감과 반사광을 중정으로 끌어들인다.

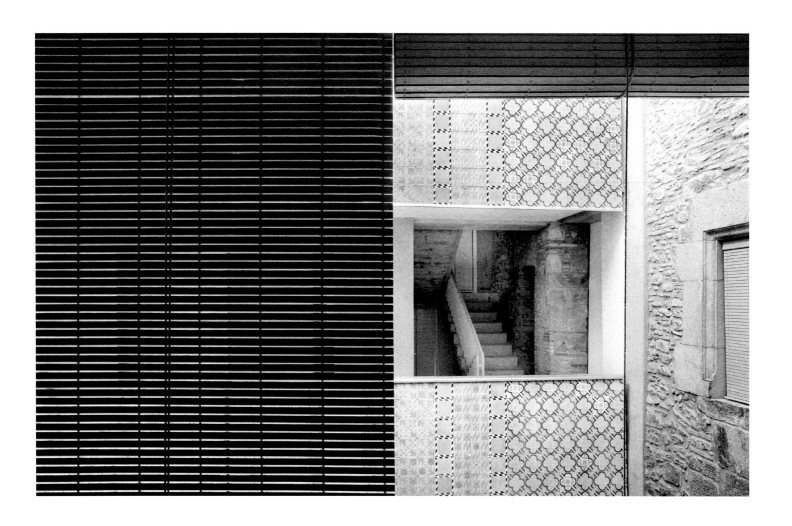

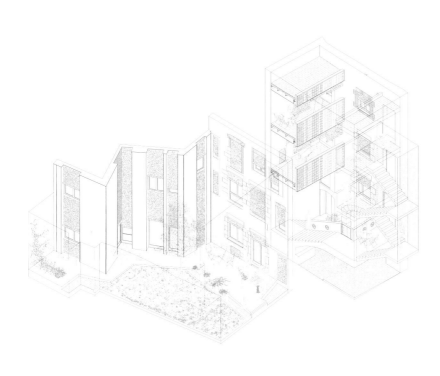

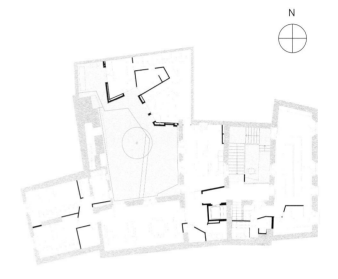

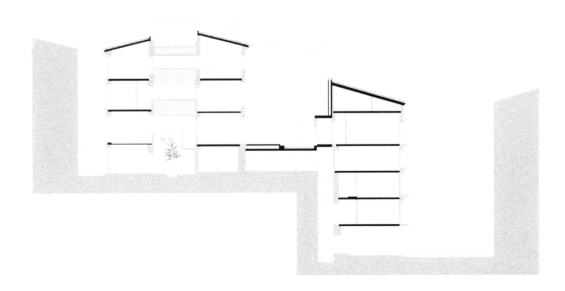

아버지는 우리가 겪지 못한 경험을 갖고 계셨고,
인부들은 모두 각자의 의견을 제시했어요. 우린 현장을
깊이 이해하고 어떻게 지을지 알고 있는 그들의
조언을 환영했습니다."

이 단지는 앞쪽과 뒤쪽 모두 밀집한 동네의 좁은
길로 열리기 때문에, 아파트보다는 모든 단위세대가
각각의 외부 공간을 갖춘 단독주택처럼 만드는
게 중요했다. 측면의 6층짜리 매스는 강 쪽으로
내려앉고 4층짜리 매스는 안쪽에 위치하는 만큼,
단면 계획과 수직동선을 개선하는 일이 중요했다.
역시 건축가였던 엘리사베타의 삼촌은 이 단지의
조직에 필수적인 고딕식 계단을 확장하라고 조언했다.
보쉬와 엘리사베타는 제2차 세계대전 이후 중정
양쪽에 추가된 조잡한 구조를 대신할 새로운 구조를

설계하면서, 부부가 살 집과 그 위의 두 집에 공간을
덧붙였다. 부드러운 색조의 평범한 치장벽토와 차양을
단 창문들은 고대의 도시 조직을 마주하는 중립적인
막으로서 초록 안뜰을 에워싼다. 다른 집에서는
옥상까지 이어지는 테라스에 진입해 이 정원을
내려다볼 수 있다.

두 번째 중정에는 계단이 나 있으며, 이 계단
덕에 중정에서 이웃들이 만나고 아이들이 뛰논다.
건축가들이 덧붙인 대담한 패턴의 타일은 이 집에
붙은 이름인 콜라주를 구성하는 일부다. 엘리사베타는
이렇게 말한다. "목수인 아버지는 나중에 유용하게
쓰일 수 있는 것들은 절대 버리지 않으셨어요. 알고
보니 녹청이 생긴 훌륭한 부재가 많아서, 이런 자재를
섞어 쓸 수 있었어요. 또한 타일은 반사 재질이라

건축가 부부는 제2차 세계대전 이후 중정 양쪽에 추가된 복잡한 구조를 대신할 새로운 구조를 설계하면서, 부부가 살 집과 그 위의 두 집에 공간을 덧붙였다(옆면). 부부의 거실 (아래)은 노출 석벽과 새로운 재료들의 콜라주로 이뤄져 있다.

중정에 빛을 끌어들이고 식물이 자라날 수 있게 해줬죠." 나중에 이 건축가들은 모든 중정에 고유의 미기후가 존재한다는 걸 알게 됐다. 깊고 좁으며 시원한 다른 중정에 비해, 이 집의 중정은 상대적으로 더 열려 있고 남쪽과 서쪽에서 햇빛을 받아 따뜻하다.

엘리사베타는 설명을 이어간다. "이 프로젝트를 통해 마치 석사 과정을 수료하듯이 건축가가 되는 법을 배웠어요. 이곳에 누가 살았는지, 또 왜 그런 결정을 했는지 우린 절대 알지 못할 거예요. 역사를 존중하면서도 우리만의 조치를 취해야 했죠." 보쉬에게 이 프로젝트는 연속적인 발견의 과정이었다.

그는 이렇게 회상한다. "매일같이 예기치 못한 일이 벌어졌어요. 그럼 일단 지켜보면서 바꿀 걸 바꿔야겠죠. 여러 계절을 보내며 이 집을 알아갔어요. 마치 한 사람과 깊은 관계를 맺을 때처럼 말이죠."

2011년에 이 프로젝트는 신진 건축가들의 최고 작품에 주는 미스 반 데어 로에 상을 받았다. 이렇게 시간이 담긴 집을 짓고 그 속에 한 가족의 삶을 더한 경험은 건축가 부부의 후속 작업에도 영향을 미쳤다. 이 부부만의 공간은 유광 콘크리트 바닥과 고대 석벽, 새로 바른 치장벽토, 그리고 자녀들이 소꿉놀이를 즐기는 예배실의 창문 등으로 이 프로젝트의 모든 작업을 요약해 보인다.

쿨라파트 얀트라사스트
KULAPAT YANTRASAST

물의 집
BAAN NAAM

미국 캘리포니아 베니스
VENICE, CALIFORNIA, USA

태국에서 성장한 쿨라파트 얀트라사스트는 그때를
떠올리며 베니스의 매력적인 해변 주거지에 자택을
지었다. 그의 조부모가 살았던 전통적인 태국
주택은 지면보다 높은 기단 위에 여러 구조물을
연결해 홍수와 야생생물의 침입을 막는 형태였다.
맞통풍이 일어나고 모든 방에서 정원을 바라볼 수
있는 집이었지만, 이런 집은 유형상 경량의 목구조에
속한다. 얀트라사스트는 일본에서 안도 다다오와
8년을 함께 일한 후에 미국으로 건너가 자신의 사무소
와이 아키텍처(WHY Architecture)를 차렸다. 그는
이렇게 말한다. "로스앤젤레스에 있는 거의 모든
집이 치장벽토나 벽돌 또는 석재로 덮인 조잡한
목구조로 되어 있다는 걸 알게 됐어요. 저는 구조와
하나로 통합된 표면을 원했는데, 가장 친숙한 재료가
콘크리트였어요. 중량감과 물성을 갖춘 재료죠."

얀트라사스트는 번잡한 대로에서 물러난 곳에
무너진 방갈로가 있는 $465m^2$의 적당한 부지를
발견했고, 거기에 뭘 지을 수 있을까를 생각해보았다.
건축가의 집은 자화상이나 다름없다는 생각에 처음엔
걱정스러웠지만, 그는 감각적이고 실용적인 관점으로
이 문제에 접근했다. 산타모니카에 있던 자신의 최상층
아파트는 편리했고 바다도 보였지만, 침실이 하나뿐

이고 천장고가 낮았다. 그는 수영을 좋아하는데다,
방콕에 계신 부모님이 오실 때 머무를 장소도 만들고
싶었다. 이 집은 여행 후에 긴장을 풀 수 있는 아늑한
쉼터여야 했다. 그는 덧붙인다.
"떠돌아다니던 놈이 떠돌기를 멈춘 거죠. 제가 정착해
지낼 만한 장소가 필요했어요. 그렇다고 갇혀 지내고
싶진 않았고요."

얀트라사스트는 르 코르뷔지에가 프랑스 롱샹에
설계한 예배당과 존 로트너(John Lautner)가
로스앤젤레스에 설계한 골드스타인 주택, 그리고
라우레타 빈치아렐리(Lauretta Vinciarelli)의 감각적인
수채화를 처음 보았을 때를 떠올렸다. 각각 하나의
기단 위에 세워지는 10개의 설계안을 스케치한 뒤,
조각적인 안들은 버리고 대지의 동쪽 경계를 따라
펼쳐지는 단순하고 군살 없는 블록을 최종안으로
정했다. 타설 콘크리트로 육중하게 건설한 이 집은
벽을 친 정원에 3개 층으로 지어졌다. 1층에는
2개의 객실과 차고가 있다. 계단을 따라 2층으로
올라가면 선형적인 거실이 나오고, 거실은 미닫이
유리문을 통해 수영장과 그 주위를 에워싸는 테라스로
열린다.

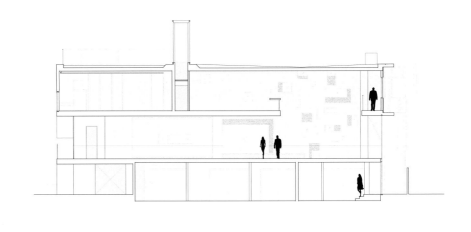

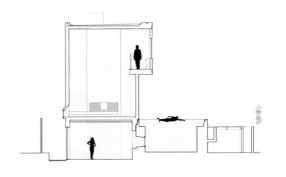

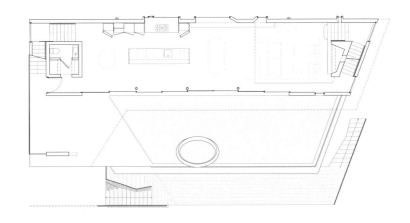

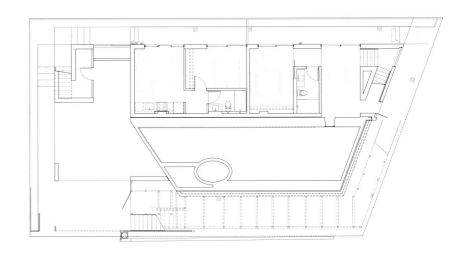

(위부터) 종단면도, 횡단면도,
중간층 평면도, 아래층 평면도

15m 경간의 개구부는 강철 기둥이 지지한다. 지붕과 야자나무 위로 바다 풍경이 막힘없이 펼쳐져 있다. 그 전망은 3층의 작업실과 옥상 테라스에서 훨씬 더 폭넓게 보일 뿐만 아니라, 주인 침실도 수영장 위로 돌출된 채로 남쪽을 바라다본다.

"물은 자연의 상징이죠. 그 속에 있을 때, 우리의 피부가 되어주거든요."라고 말하는 얀트라사스트는 자기 집을 강으로 열리는 동굴에 비유하면서, 이 집에 '물의 집(Baan Naam)'이란 뜻의 태국어 이름을 붙였다. 육중한 뒷벽에는 작은 창문들을 내고 창틀 주변을 경사지게 만들어 콘크리트로 된 쐐기 모양 까치발과 서로 어울리는 효과를 냈다. 독립적으로 서 있는 굴뚝의 옆면을 훑어내리는 빛은 송판무늬 콘크리트 표면을 뚜렷이 드러낸다.

작은 규모의 2층 개방형 주방과 식당은 거실과 접한다. 2층에서 3층까지 뚫린 높은 천장고의 거실로 빛이

내리쬐며, 바다에서 불어오는 미풍을 맞으며 돌아가는 잔가지와 깃털로 된 모빌이 생기를 더한다. 옥상 테라스까지 올라가는 계단에서 굴뚝 효과가 일어나며, 최상층의 반투명한 구조물은 밤이 되면 등대처럼 빛난다.

건물에 나타난 근본적인 성격을 살펴보면, 이 집은 땅과 물, 공기와 불을 함께 엮는 안도의 영향을 받은 게 분명하다. 하지만 얀트라사스트의 콘크리트 사용은 안도의 벽에서 느껴지는 번듯한 완벽함보다 루이스 칸의 풍부한 질감을 닮았다. 게다가 세련되고 절제되기보다 느슨하고 자유롭다. 얀트라사스트는 동료들과 협업해 근대 디자인의 고전들을 재해석한 가구와 조명을 디자인했다. 그가 디자인한 가구로는 거실 한쪽 끝을 차지하는 검정색 책장과 수납장, 주인 욕실의 강판 화장대, 그리고 가변적인 흰색 탁자와 벽등이 있다. 긴 식탁은 앉은키와 선키에 맞춰 높이를 조절할 수 있다.

얀트라사스트는 거실 한쪽 끝을 차지하는 검정색 책장과 수납장(왼쪽), 주인 욕실의 강판 화장대(아래)를 디자인했다. 중2층 구조의 재택 사무실(옆면)이 있고, 계단을 올라가면 옥상 테라스로 이어진다.

이 집은 많은 사람들이 함께 머물며 생활할 때 돋보인다. 수영장에 뛰어들거나, 거실에서 영화를 보거나 할 때 말이다. 하지만 혼자 있을 때도 좋다. 얀트라사스트는 말한다. "행복은 혼자 집에 있는 일요일에 찾아와요. 저기 앉아서 자연을 만끽하고, 수영하고, 서가의 책들을 훑어볼 때 말이죠. 이 집에서 살아보니 애초에 제가 기대했던 것보다 훨씬 좋아요. 이곳을 절대 못 떠날 거 같아요."

KULAPAT YANTRASAST

케리 힐
KERRY HILL

아미티지 힐
ARMITAGE HILL

스리랑카 갈레
GALLE, SRI LANKA

싱가포르에 거점을 둔 호주의 모더니즘 건축가로서 아시아 전역에 건물을 짓는 케리 힐은 자신만의 정밀한 건축 스타일을 펼쳐왔다. 그는 주택과 리조트 호텔을 설계할 때 예산을 아끼며 작업하지만, 그렇다고 과도하게 미니멀하지도 않다. 또한 장소성을 강력히 드러내며, 지역에서 쓰는 건축 재료와 공법을 참신하게 적용한다. 이런 원리들은 그가 스리랑카 남부의 옛 고무나무 농장인 아미티지 힐을 간이건축물과 계단식 중정의 복합체로 변형하는 데에도 기본이 되었다. 1992년에 그가 이 땅을 샀을 때, 1820년에 지어진 농장주의 주택은 철거 중이었고 오로지 고무나무 한 그루만 살아남아 있었다. 힐은 몇 가지 경미한 개선 조치를 한 다음 전면적인 개축 작업을 시작했다. 지붕을 1m 들어 올렸고, 베란다 폭을 넓혀 집의 모든 면에 그늘을 드리웠으며, 빽빽하고 비좁은 공간들을 높은 천장고의 거실과 2개의 침실로 바꿨다. 또한 별도의 독립된 주방과 한 쌍의 직원 침실을 30m 떨어진 위치에 증축했다. 그는 이렇게 설명한다. "한 번에 모든 걸 다 계획하진 않았어요. 이 작은 마을은 오랜 기간에 걸쳐 진화했습니다." 이 집은 짐 올슨의 수변 별장(102쪽 참조)과 유사하게, 각 부분들이 서로 대화하듯 덧붙여지면서 자연과 유기적으로 결합해나갔다.

힐이 스리랑카에 처음 온 것은 이 지역 전통에 깊이 뿌리내린 건축가 제프리 바와(Geoffrey Bawa)의 초대 때문이었다. 당시에는 건물을 지을 형편이 되지 않았는데, 사뒀던 땅이 오랜 시간이 지나자 이렇게 쓸모가 생겼다. 바와가 그랬듯, 힐도 이 섬의 자연미와 문화적 다양성, 그리고 포르투갈인과 네덜란드인, 영국인 정착민들이 남긴 건축 유산에 호응하는 건축을 만들었다. 그러면서 힐은 유기적인 방식으로 환경과 상호작용하는 공간을 만드는 데 능숙해졌을 뿐만 아니라, 한 강연에서도 말했듯이 "고유의 외피 속에서 편안함이 느껴지고, 편하게 미래를 내다보며 과거를 돌아보게 하는 건축 작품의 능력"에 점점 더 익숙해져갔다.

건축가 부부를 위한 주거인
블랙 파빌리온(오른쪽, 옆면,
앞면)은 이 단지에 마지막으로
증축된 부분이다.

블랙 파빌리온의
배치도(오른쪽)와 입면도 및
단면도(아래)

1 블랙 파빌리온
2 본채
3 객실부

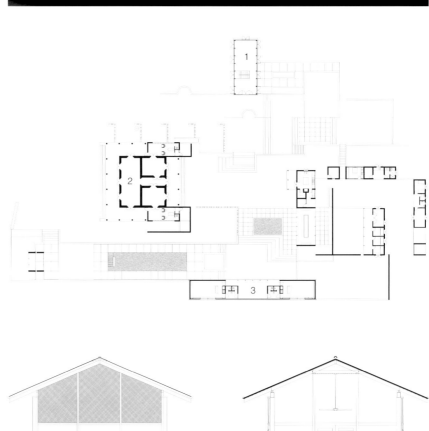

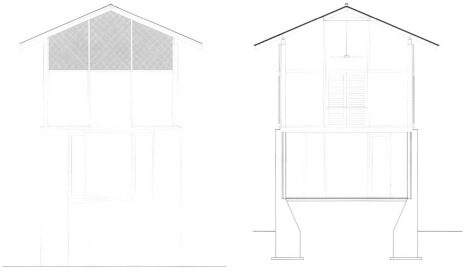

1820년에 지어진 농장주 주택이 처음으로 전면적인 개축을 거쳤고, 이로써 빽빽하고 비좁은 공간들이 높은 천장의 거실과 2개의 침실로 바뀌었다.

첫 번째 개축 후 10년 뒤 힐은 직원 숙소를 옮기고 그 건물을 식당 건물로 바꿨다. 객실부와 수영장을 추가하고, 자신과 아내가 살 새집인 블랙 파빌리온 (Black Pavilion)도 증축했다. 이 소박한 구조물은 절반이 가파른 사면 속에 묻혀 보이지 않는다. 침실은 언덕 속의 기초 위에 있으며, 동굴 같은 공간으로 계획되었고, 벽체는 무화과나무로 덮여 있다. 침실은 아침 햇볕을 받지만, 다른 경우에는 닫혀 있다. 책과 예술품으로 장식된 조용한 쉼터다. 계단을 따라 올라가면 거실이 나오고, 거실은 사면에서 차양 달린 셔터를 통해 열려 중앙의 안뜰로 이어진다. 침실엔 에어컨이 있지만 거실은 옛집처럼 맞통풍에 의존한다. 처마가 넓어서 그늘이 드리워지고 비를 피할 수 있다. 박공지붕 속의 격자는 장마철의 큰비를 보호해줄 유리와 함께 동서쪽으로 정렬했다. 이 집에는 1.5m 길이의 불청객 왕도마뱀이 찾아온 적도 있고, 양쪽 나무 위에서 원숭이와 다람쥐가 맘껏 뛰논다.

힐은 이렇게 말한다. "이런 곳에는 건축을 간소하게 지어야 해요. 분탄(粉炭, breeze) 블록 벽체에 작은 십자형 강철 부재들을 보강해 적층 결합하면 내력벽이 됩니다. 이 집의 주요 재료들로는 바닥에 사용한 유광 시멘트, 재활용한 점토 지붕 타일, 목재, 석재 등이 있어요."

그의 설명이 이어진다. "건물들 사이에 있는 공간이 건물만큼이나 중요해요. 처음에 우리는 베란다에 앉아서 경관을 바라봤지만, 증축한 부분들은 야외 쪽으로 방을 만들었죠. 계단은 높이 변화를 아우르며 기단과 기단을 이어줘요. 마치 휴양지에서 식사를 한 곳에서만 하고 싶지 않은 것과 같죠. 여기는 구석구석 갈 만한 곳과 볼거리가 많답니다."

이 단지는 힐이 열대지방에서 살아가기 위한 아이디어를 시험하는 실험의 장일뿐만 아니라, 그의

게스트하우스의 실내(위)와
차양 있는 현관(옆면).
힐은 건물들 사이에 있는
공간을 건물 자체만큼이나
중요하게 여긴다.

건축 원리를 표현하는 예술 작품이기도 하다. 또한
싱가포르에서 비행기로 3시간 반 거리인 평화로운
오아시스이기도 하다. 힐은 동료와 함께 공모전
출품작을 준비하며 한두 주쯤 작업할 수 있는
스튜디오를 추가로 증축했다. 그러다 의뢰인 한
사람이 찾아와 이곳에 머무르게 됐고, 힐은 자신이
사무실보다 여기서 더 오래 일하고 있다는 걸 알게
됐다. 그는 이렇게 설명한다. "여전히 또 다른 증축을

계획하고 있는데, 앞으론 그걸 '스리랑카 예술 수집품
갤러리'라 부를 거예요. 스튜디오라 부르지 않는 건
작업 공간이 아니란 얘깁니다."

25년이 흘렀지만, 아미티지 힐 프로젝트는 여전히
진행 중이다. 힐은 이렇게 털어놓는다. "아내는 절대
끝나지 않을 작업이래요. 저도 그러길 바랍니다."

해변에 거꾸로 뒤집어놓은
보트에서 영감을 받아 만든 집.
건축가들은 모래언덕을 끌어안는
3층짜리 집을 설계했다. 주변
나무의 보랏빛 감도는 갈색에
어울리도록 맞춤 제작한 중공
타일로 외장을 마감했다.

(아래) 1층과 2층 평면도

1 욕실
2 현관
3 창고
4 서재
5 작업실
6 거실

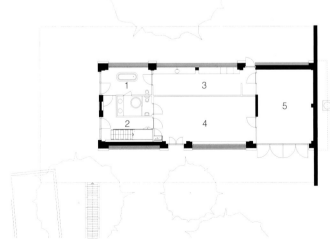

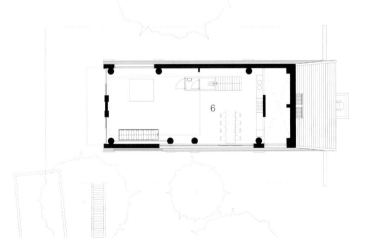

특정한 풍경이 보이도록 배치한 창문들. 집 자체는 겨울철 폭풍과 염분이 섞인 바다 공기를 견디면서 높은 수준의 지속가능성을 유지할 수 있게 설계했다.

마르턴은 이렇게 말한다. "알미르에 천장고가 높은 집을 지은 적이 있는데 좋은 결과를 얻었어요. 그래서 이 집도 3개 층 높이의 큰 입체 형태로 만들어보기로 했죠. 네덜란드 북부의 농가주택과 르 코르뷔지에의 돔-이노 주택에서도 영감을 받았습니다. 눈보라가 칠 때 입주했는데, 어디서 자야 할지 입씨름하다가 1층 중앙에 침대를 두게 됐어요." 무색 유리창이 달린 제티의 스튜디오를 비롯해 모든 업무공간이 1층에 위치한다. 계단을 따라 위층으로 올라가면 벽 없는

거실이 나타나고, 거기서 반 층 더 올라가면 아치형 천장 밑에 좁고 긴 공간이 있다. 천장을 떠받치는 노출된 들보를 보면 이 공간이 마치 헛간처럼 느껴진다. 2층과 3층은 바깥을 바라보며 긴장을 풀 수 있는 텅 빈 공간으로 남겨놓았다. 계단은 포플러나무로 만들었으며, 목조 기둥을 미송 껍질로 덮어 전원적인 정취를 더했다.

지속가능성을 높이기 위해, 구조 골격과 유리면

대부분에 단열 처리를 했다. 공기 펌프와 유리 진공관을 이용해 냉난방되는 이 집은 편리하게 환기 제어가 가능하다. 컴퓨터로 제어하는 전기 시스템과 중앙 플러그인 진공청소 장치도 있다. 다른 장치들도 사용이 가능해지면 통합할 것이며, 건축가들은 조만간 제로에너지 건물이 되길 희망하고 있다.

마르턴은 이렇게 설명한다. "이 집은 하나의 실험이었어요. 의뢰인을 위한 집에서는 결코 엄두도

못 낼 시도들을 했죠. 이 집이 우리의 방식을 잘 보여주고 있으니, 더 이상 스스로 정체성을 설명할 필요가 없어졌어요. 그 이후로 천장고가 높은 공간(loft)과 공예(craft), 혁신적 구축 같은 개념들을 정립해 새로운 건물에 적용하려고 시도했습니다. 이제는 우리 집과 느낌은 같지만 외관과 규모는 다른 여덟 개의 소규모 디자인을 모아 모래언덕 주택 컬렉션(Dune House Collection)이란 이름으로 선보이고 있죠."

브리지트 심 + 하워드 서트클리프
BRIGITTE SHIM & HOWARD SUTCLIFFE

해리슨 섬 야영장
HARRISON ISLAND CAMP

캐나다 조지아만
GEORGIAN BAY, CANADA

캐나다는 여느 북반구 국가들처럼 여름이 짧고 귀하다. 그래서 빙하가 녹아내릴수록 도시를 떠나고 싶은 충동이 강해진다. 하워드 서트클리프와 브리지트 심 부부가 공동 운영하는 건축사무소는 토론토에 있는 스튜디오 근처에 작은 자택 한 채를 지었고, 온타리오주 전역의 의뢰인들을 위한 전원주택을 완공했다. 입지는 미리 주어져 있었고, 건축가들은 그걸 최대한 유리하게 활용했다.

심은 이렇게 말한다. "자신에게 맞는 대지와 풍경은 찾기가 꽤 어려워요. 숲이 가까이 있는 아름다운 수변 대지들을 보기도 했지만, 그런 곳들은 좀 폐쇄적이라고 느꼈어요. 대신 커다란 수평선이 펼쳐지는 오대호 연안에서 날씨 변화가 아주 빠른 암반 풍경을 찾았죠. 구름이 매우 역동적으로 움직이는 신비로운 곳이었어요. 그렇게 외딴 느낌을 주는 땅을 찾기란 쉽지 않아요. 물론 사람들이 주변에 있어도 나쁘진 않겠지만, 이런 곳에선 사람을 만나고 싶지 않죠."

오랜 물색 끝에 부부는 오대호 중 하나인 휴런호(Lake Huron)를 크게 확장한 조지아만의 해리슨 섬 해변에서 4만㎡의 남향 필지를 찾았는데, 이곳에 오려면 도시에서 자동차를 타고 두 시간 이상 달려야 한다. 이 섬이 속해 있는 써티 싸우전드(Thirty Thousand) 제도(諸島)는 세계에서 가장 큰 민물 군도이자 유네스코에서 지정한 캐나다의 생물권 보전지역 16곳 중 하나다. 또한 이 섬은 빙하가 부드럽게 긁고 간 40억 년 된 광활한 암석 지대인 캐나다 순상지(楯狀地)[31]의 일부이기도 하다. 이 제도의 지역 조례에 따르면 본채 오두막 하나와 침실 오두막 세 채까지 지을 수 있고, 물가로부터 8m 이내에만 오두막을 지을 수 있다.

31) 선캄브리아대의 암석이 방패 모양으로 지표에 넓게 분포하는 지역. 영어로는 shield라고 한다.

이 집은 단순 기술로 짠
철골조를 기반으로 구조단열
패널들을 조립해 만들었다.
암반을 뚫어 박은 나사식
잭들이 집을 떠받치는 구조로
환경에 미치는 영향을 줄이고자
했다.

"이 집은 주기적으로 머무는 곳이기에, 닫힌 건물보다 천막처럼 가볍고 열린 공간이길 원했어요."

브리지트 심

공사 기간이 짧은데다 대지를 보전해야 하고 작은 보트 하나로 자재를 운반해야 하다 보니, 암반 위에 가볍게 얹은 형식의 조립식 구조물밖에 지을 수 없었다. 모든 걸 함께 작업하는 건축가 부부는 수많은 모형을 만들었고, 간소한 거실·식당과 독립된 침실·욕실을 위한 모든 대안을 논의했다. 지붕과 바닥과 벽에는 단순 기술로 짠 철골조에 신속히 조립할 수 있는 1.2m×2.4m 크기의 구조단열 패널(SIP)을 설치하기로 했다. 이 패널을 제작한 가공회사와 긴밀히 협업하면서, 거친 지형에서도 두 사람이 모든 패널을 옮길 수 있게 만들었다. 지역 인부가 없어서 패널 제작업체는 이 섬에서 체류하며 조립 작업을

진행할 팀을 파견했다. 외피는 첫해 여름에 완공했고, 전체적인 프로젝트는 이듬해에 완공했다.

본채에 해당하는 $100\,m^2$의 오두막은 건축가 부부가 가장 좋아하는 재료 중 하나인 코르텐 강으로 마감했는데, 코르텐 강은 유지관리가 간편하고 풍경 속으로 자연스럽게 스며드는 재료다. 볼품없는 콘크리트 기초 벽체를 없애고 흔적을 최소화하기 위해, 암반을 뚫어 박은 나사식 잭으로 기초를 대신했다. 본채를 침실과 욕실이 있는 별채로 연결하는 목조 보행로는 맨발로 나무 사이를 거니는 건축적 산책로 역할을 한다. 이런 이유로 집주인들은 이 별장을

'야영장'이라고 부른다. 심은 이렇게 말한다. "이 집은 주기적으로 머무는 곳이기에, 닫힌 건물보다 천막처럼 가볍고 열린 공간이길 원했어요. 날씬한 서까래로 지지되는 지붕은 산업용 천창을 중심으로 양분되고, 문들을 열어젖히면 마치 벽이 없는 것처럼 느껴져요."

천창과 문으로 채광과 환기를 해결했고, 이 지역에 우세한 풍향을 고려해 부분적으로 여닫을 수 있게 했다. 돌출한 캐노피는 남쪽의 커다란 창에 그늘을 드리우고, 미닫이 플렉시 유리 패널을 닫으면 물에 반사되는 햇빛의 눈부심을 줄일 수 있다. 좁은 수평 창문으로는 북쪽의 숲이 내다보인다. 오두막의 폭은 구조단열 패널의 영향을 받아 실내는 좁은 편이고 여유가 적다.

모든 표면에 단열 처리를 했고 다양한 방식의 실내 마감은 전체적인 공간을 풍성하게 만든다. 바닥과

벽체는 짙은 염료를 칠한 낙엽송 재목으로 짰으며, 모양을 낸 천장 합판은 사전에 소나무 타르기름을 칠한 뒤 현장에서 마감했다. 목제 가구에는 곧은결이 나게 마름질한(rift-cut) 미송을 사용했고, 서트클리프는 구조체로 쓰이는 합판 패널들을 추상적인 예술 작품으로 전환해 양 끝에 걸었다. 그중 하나는 맑은 밤하늘에서 볼 수 있는 별자리를 주제로 하며, 다른 하나는 일본 판화에 나오는 폭우에서 영감을 받은 것이다.

심은 이렇게 말한다. "5월 초부터 10월 말까지 가능한 한 자주 여기에 오는데요, 올 때마다 즐겁습니다. 이곳은 암석 지대이고 조수가 밀려드는 곳이라, 쾌속정을 타고 시끄럽게 돌아다니지 못하게 해요. 낮에는 모든 걸 열어두고, 밤에는 방충망을 걸어두죠. 주변 풍경을 다양하게 감상할 수 있어 실내에서 바라보는 바깥 풍경이 더 보기 좋답니다."

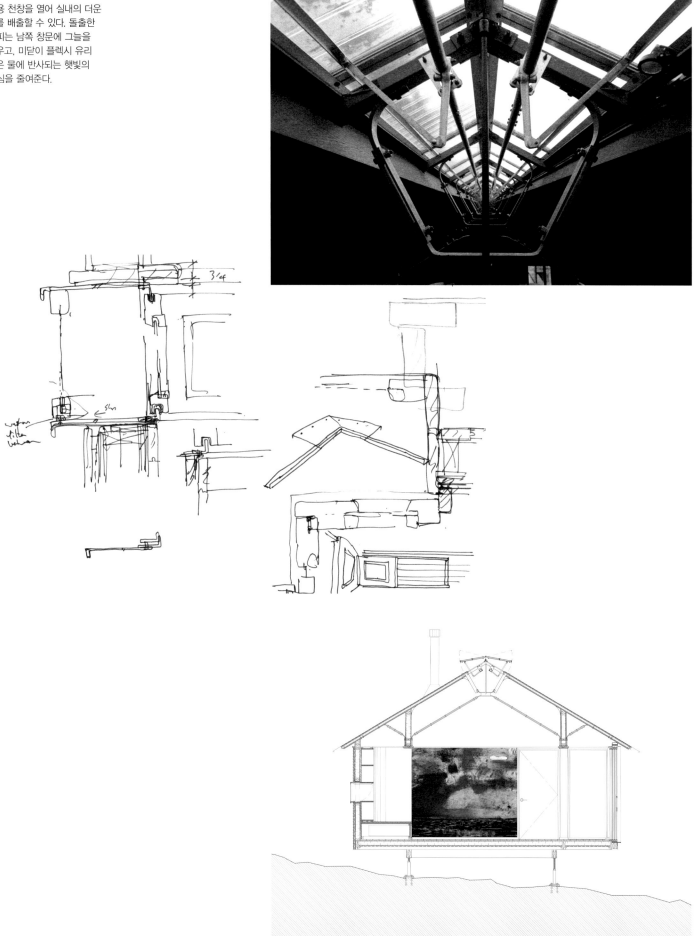

산업용 천창을 열어 실내의 더운
공기를 배출할 수 있다. 돌출한
캐노피는 남쪽 창문에 그늘을
드리우고, 미닫이 플렉시 유리
패널은 물에 반사되는 햇빛의
눈부심을 줄여준다.

베니 호바르트
BENNY GOVAERT

빌라 로세스
VILLA ROCES

벨기에 브뤼헤
BRUGES, BELGIUM

건축가의 집짓기에 대한 베니 호바르트의 생각을 들어보자. "의뢰인이 있을 땐, 건축가가 현장을 방문해 의뢰인이 원하는 걸 의논하고 개념을 발전시키면 됩니다. 그런데 건축가가 자택을 지으면, 머릿속에 아이디어가 10개일 수도 있어요. 그중 단 하나만 고르기란 정말 어렵죠. 게다가 예산도 한정돼 있고, 마감일에 맞춰 일하는 것도 아니에요." 호바르트와 아내 마르티네 네이링크(Martine Neirinck)는 브뤼헤의 녹지대에서 70m×30m 크기의 이상적인 대지를 찾았지만, 이곳에 뭘 지을지 결정하기까지 2년이 걸렸다.

호바르트의 설명을 들어보자. "집의 전체 이미지는 나무들의 수직성을 보완할 수평적인 블록이어야 했어요. 이웃집들과 떨어져서 숲을 바라보는 블록이요. 저는 반복적이고 산업적인 구조를 원했고, 그걸 경계 벽체에 기댄 유리 파빌리온으로 해석했죠. 풍부한 자연광을 들이면서도 사생활을 보장하고자 했기에, 54m 길이의 벽체를 필지의 한쪽 끝에서 반대쪽

끝까지 이어지게 설계했어요."

호바르트는 미니멀리즘 스타일의 주택과 아파트 건물로 유명하며, 리하르트 노이트라와 미스 반 데어 로에를 비롯해 추상 회화의 높은 긴장감을 보여준 카지미르 말레비치(Kazimir Malevich)에게서 영감을 받는다. 또한 완성도는 높지만 뽐내지 않는 덴마크 건축의 과묵함을 좋아한다. 순수하고 단순한 개념의 집을 짓기로 아내와 합의한 호바르트는 삼면을 전부 유리로 마감한 1.5층 높이의 철골 컨테이너를 설계했다. 2.7m의 모듈 크기는 표준 유리 패널의 최대 폭에 맞게 결정했는데, 그 이상의 크기는 비용이 두 배로 뛰기 때문이다. 팽팽하게 펼쳐지는 유리는 빛을 반사하고, 패널을 열고 나가면 잔디밭과 좁고 긴 수영장이 나온다. 수영장은 지면보다 반 층 낮으며 집 한쪽 끝에 설치했다. 이 집과 필립 존슨의 글래스 하우스(159쪽 참조)가 다른 점은 신체적 · 심리적 위안을 제공하는 투명성과 불투명성의 균형에 있다.

남서쪽은 채광을 극대화할 수
있는 유리면으로 처리했다.
여름철에는 유리면에 나무
그늘이 지고, 겨울철에는 햇빛의
온기가 흡수된다.

(오른쪽, 위부터)
종단면도, 지하층과 1층 평면도

1 욕실
2 침실
3 거실
4 수영장
5 식당
6 주방

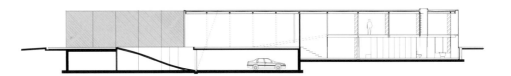

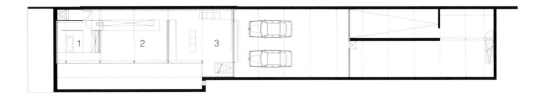

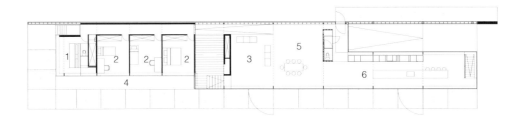

N

이 집에 진입하는 방법은 아프로모시아[32] 보드로 마감한 경계 벽체와 불투명한 집 뒷벽 사이의 좁은 경로를 이용하거나, 경사로를 통해 지하 주차장으로 들어오는 것이다. 방 높이만큼 큰 문과 지하층에서 올라오는 계단은 빛으로 가득한 순백색의 실내로 이어진다. 한쪽에는 길쭉한 주방과 식사 준비대가 있는데, 커다란 미닫이문을 닫으면 천장고가 높은 중앙 거실과 공간을 구분할 수 있다. 강판을 접어 만든 식탁의 양쪽에는 미스의 브루노 의자를 두었는데, 이 또한 모두 흰색이다. 공간을 가르는 푸른색 소파는 개방형 벽난로를 마주 보고 있다. 거실 뒤편으로는 경사로 하나가 세 아이들의 침실 쪽으로 올라가며, 외팔보 구조로 매단 강철 계단은 수영장과 같은

높이에 있는 텔레비전 시청실과 주인 침실 쪽으로 내려간다. 이보다 더 간결할 수 없어 보이는데, 바닥 높이와 천장고의 변화는 균형적으로 배분된 공간들에 동적 에너지를 부여해 532㎡라는 큰 규모와 달리 내밀한 느낌의 집을 만들어낸다.

전체적으로 흰색으로 마감해 모든 디테일이 잘 드러나며, 주방의 고측창과 경사로의 창문은 뒷벽에 낸 유일한 개구부이기에 중요하다. 미스였다면 이런 마감과 디테일의 질에 찬사를 보냈을 텐데, 이건 호바르트가 자신의 모든 건물에서 추구하고자 하는 바나 다름없다. 다행히도 그는 자신의 높은 기대를 충족시킬 수 있는 숙련된 시공자들을 찾았다.

32) 아프리카산 콩과의 교목. 조직이 곱고 강도와 경도, 내구성이 크다.

좁고 긴 수영장은 지면보다 낮은 주인 침실에 물결무늬의 빛을 투사한다(옆면). 벽난로와 거실 구역 사이의 계단을 따라 올라가면 1층으로 이어진다 (왼쪽).

유리 입면은 채광을 극대화할 수 있는 남서쪽을 향하고, 나무의 그림자가 집 안과 벽체를 가로지르며 그늘을 드리운다. 겨울철에는 나뭇잎이 떨어져서 햇빛이 집을 데워주는 만큼, 흐린 날에만 난방기를 켜면 된다. 수영장은 주인 침실로 물결무늬의 빛을 투사하며, 밤에는 차양을 내려 안전하게 에워싸인 느낌을 조성한다.

호바르트는 이렇게 말한다. "이 집의 이름은 제 아이들의 이름 첫 자를 딴 건데 우연히도 한 롤러스케이트 브랜드와 같더라고요. 여기 살면서 많은 걸 배웠어요. 여행에서 돌아올 때마다, '와우, 정말 아름다워!'라고 외치게 돼요. 우리는 변화하는 빛과 계절을 느낍니다. 아이들은 여름철이면 휴가 온 거 같다고 말해요. 그리고 제 집을 이렇게 면밀하게 설계해놓고 보니, 의뢰인들의 요구에도 더욱 귀 기울이게 됐어요. 의뢰인들을 특정한 방향으로 유도하기 전에 더 많은 대화를 나누고 있습니다."

BENNY GOVAERT

토드 윌리엄스 + 빌리 치엔
TOD WILLIAMS & BILLIE TSIEN

주말 주택
WEEKEND HOUSE

미국 뉴욕
NEW YORK, USA

날씨 좋은 주말이면 뉴요커들은 도시를 떠나고 싶은 마음에 공원 도로와 해변으로 몰려든다. 부부의 이름으로 스튜디오를 공동 창립한 토드 윌리엄스와 빌리 치엔은 보통의 뉴요커들보다 훨씬 스마트한 전략을 취한다. 그들의 전원 별장은 평소에 지내는 맨해튼 아파트에서 겨우 몇 블록 떨어진 곳에 있다. 센트럴 파크가 내려다보이는 옥상에 말이다. 이곳은 마치 요트처럼 빈틈없이 강철과 유리로 계획된 82㎡의 간소한 구조이지만, 미닫이문을 열면 삼면이 테라스다. 그리고 프레더릭 로 옴스테드(Frederick Law Olmsted, 1822-1903)[33]가 설계한 북쪽 자연 경관은 고층 건물들과 함께 어우러져 자연과 도심의 이상적인 하모니를 보여준다.

남쪽 고층 건물들이 그늘을 드리우고, 선선한 바람이 맞통풍을 일으키면서 한여름이 아닌 이상 거의 매일 시원한 온도를 유지한다. 윌리엄스는 말한다. "겨울철에는 난방이 거의 필요 없어요. 1월에는 창문을 열어뒀고, 눈이 와도 야외 샤워장을 썼어요. 비가 오면 보트 안에 있는 느낌이에요. 주변에서 바람소리가 들리지만 요란하진 않아요."

우디 앨런은 유럽에서 영화 제작을 시작하기 전에 말했었다. 로키산맥을 비롯해 모든 곳이 5번 에버뉴에서 걸어서 갈 수 있는 거리에 있으면 좋겠다고. 앨런처럼 뉴욕을 열렬히 사랑하는 윌리엄스와 치엔 부부도 역시 카네기홀 위에 있는 자기들의 최상층 아파트에서 보이는 광경을 사랑했다. 그러다 집을 비워야 할 위기에 처하자 부동산 중개인에게 "아무도 원하지 않는 이상한 뭔가"를 찾아달라고 부탁했고, 중개인은 1940년대 분양아파트 블록 옥상에 증축된 불법 건물 하나를 보여줬다. 부부는 즉각 그걸 사들였고, 아파트 주민위원회는 부부가 기존 건축면적을 초과하지 않는다는 조건 하에 건물을 다시 짓는 걸 허락했다.

뭔가를 아주 작게 지어야 하는 도전을 마주한 건축가 부부는 사무소를 처음 차렸을 때를 떠올렸고, 그간 숱한 허가 협상과 문제 해결을 경험하며 오랫동안 축적해온 노하우를 모두 활용했다. 테라스까지 가려면 작은 엘리베이터를 타고 22층까지 갔다가 좁은 계단을 통해 옥상으로 올라가야 한다. 이런 상황이다 보니 건축 자재를 반입하거나 반출하려면 크레인을

33) 미국의 조경가로 1857년 뉴욕 센트럴 파크 조성 작업을 설계 · 감독 했다.

활용해야 했고, 토요일 아침에 두 번 센트럴 파크 사우스의 동부행 차로를 막아야 했다. 그렇게 트럭이 옛 건물의 잔해를 반출하고 새 건물의 외피로 조립할 부재들을 실어 날랐다. 중량을 지지하기 위해, 뒤편 조적조에는 철골 격자를 덧붙여 수평 트러스 형태를 만들었다. 두 개의 철골 기둥이 평탄한 지붕면의 앞 모서리를 잡아주고, 개방형 거실은 삼면을 유리로 둘렀다.

윌리엄스는 말한다. "우리는 대형 냉장고도, 세척기도, 건조기도 들여놔본 적이 없어서 그런 게 아쉽진 않아요. 독서는 전자책으로 하죠. 이곳의 전망은 그야말로 예술품입니다. 어두침침하고 작은 침실이 하나 있긴 하지만, 대개는 거실에서 잠을 잡니다. 주말에는 늘 이 집을 이용하고, 주중에는 일상생활의

어수선함에서 벗어나려고 하루 이틀쯤 지내보려고 해요. 카네기홀을 떠나야 했을 때 집 안에 쌓여 있던 책이 너무 많아서 또 다른 아파트가 필요했고, 근처에 있는 비슷한 수준의 공간을 샀습니다."

테라스의 틀을 형성하는 화단은 자연 재료들로 보강하고, 뒤편의 불투명한 벽체는 흙손의 흔적을 드러내는 모래 분사식 마감으로 미장했다. 세 종류의 브라질산 석재를 수입했는데, 현무암과 결정질의 흰 대리석, 그리고 테라스 포장재로 쓰인 암청색의 화강석이 그것이다. 붙박이 수납장들은 현악기 제작에 쓰이는 목재인 셰두아(shedua)로 만들었고, 탁자와 벤치와 찬장은 캘리포니아 흑호두나무(claro walnut)를 재단해 만들었다.

미닫이 유리문은 화강석으로
포장한 테라스 쪽으로 열리고,
테라스에는 식재 화단을 배치해
주변의 시선을 차단했다.
센트럴 파크의 드넓은 장관이
한눈에 펼쳐지며(옆면과 뒷면),
겨울철에는 눈보라를 막아주는
아늑한 쉼터가 된다.

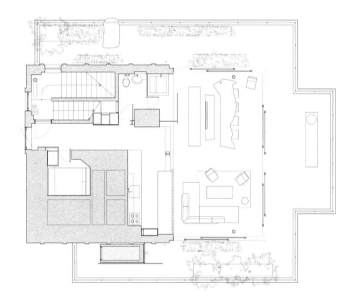

뉴욕 개리슨에 있는 디자이너 러셀 라이트(Russel
Wright, 1904-1976)의 집인 마니토가(Manitoga)[34]
를 방문해 영감을 받은 건축가 부부는 계절별로
패널을 뒤집어 색을 바꾼다는 라이트의 아이디어를
차용했다. 유명 카펫 제조업체 비소스크(V'soske)와
협업해 부부만을 위한 카펫을 디자인했고, 네덜란드
디자이너 클라우디 용스트라(Claudy Jongstra)가
디자인한 베개, 수지 시제품과 유리 주물 탁자, 그리고
베네치아를 추억하는 차원에서 카를로 스카르파가
즐겨 썼던 약간의 금색 타일을 조달했다. 치엔은
이렇게 말한다. "이 집은 그 투명성 때문에 여러
면에서 외부보다는 내부가 중심을 이룹니다. 옛
건물에서 그대로 놔둔 건 강철 펜스뿐인데, 현재

건축규정이 요하는 수준보다 훨씬 더 개방적이거든요.
저는 토드보다 더 실내에서 많이 지내지만, 여기선
욕조에 앉아 있을 때도 공원에 있는 듯한 느낌이
들어요."

이 집은 한 쌍의 부부에게 실제로 필요한 생활공간이
얼마나 작을 수 있는지 그리고 그렇게 압축적인
실내 공간이 얼마나 큰 만족을 줄 수 있는지를
함께 보여준다. 윌리엄스는 이렇게 말한다. "대형
프로젝트를 할 때면 늘 이 프로젝트를 언급해요.
동료들을 데리고 와서 작업을 보여주고, 우리의
성공과 실수를 통해 교훈을 얻게 하죠."

34) 북미 원주민 알곤킨족의 말로
'위대한 영혼의 장소'를 뜻한다. 현재
이곳은 러셀 라이트 디자인 센터로
운영되고 있다.

건축가 부부는 1년 내내 야외
샤워장을 사용하고 테라스를
거실의 연장선으로 여기며
그들에게 주어진 모든 공간을
속속들이 활용했다.

귄터 도메니히
GÜNTHER DOMENIG

슈타인하우스
STEINHAUS

오스트리아 슈타인도르프 암 오시아허 제
STEINDORF AM OSSIACHER SEE, AUSTRIA

이상을 그리는 건축가이자 교육자로서 호평을 받은
귄터 도메니히(Günther Domenig, 1934-2012)는
유년 시절의 산악 풍경에 대한 느낌을 표현한 집을
구상하고 지으면서 일생의 마지막 30년을 보냈다.
슈타인하우스('돌집'을 뜻하는 독일어)라고 부르는 이
집은 그가 태어난 오스트리아 케른텐주의 한 호안에
위치한 조각적인 주택이다. 타설 콘크리트로 마감한
매끈한 면과 골조는 예리한 각도를 이루며 계단과
보행로로 엮이는 중공(中空) 구조를 만들어낸다.

이 각진 골조에 주거와 업무공간을 담은 3개의 강철
매스가 외팔보 구조로 매달려 있으며, 각각의 공간은
호수가 보이는 쪽으로 열린다. 이 집과 연결된 도보
다리 난간 벽체는 이 일대에서 가장 먼저 건립된
독특한 목조 부두를 향해 뻗어나간다. 그 사이의

목초지에는 정육면체 모양의 철골 구조와 개방형
식당, 샤워실, 화장실, 원예 도구실을 갖추고 전망대를
떠받치는 비대칭 피라미드 적층 구조가 있다. 이
도드라지는 건축물과 평범한 휴양 오두막, 그리고
그 양쪽의 산책 공원은 놀라운 대비를 이룬다.

도메니히는 이렇게 설명했다. "이 집은 유년 시절의
경험을 되살리려는 시도였습니다. 이런 풍경에서
자랐는데 그때의 기억이 거의 가물가물해요."
케른텐주의 주도인 클라겐푸르트에서 태어난 귄터는
묄탈의 외딴 산악 계곡에서 쌍둥이 형제와 함께 자랐다.
여름마다 할머니와 함께 지냈는데, 할머니는 1959년에
돌아가시면서 손자들에게 호안 부지를 물려주셨다.
귄터는 그라츠로 옮겨 공부하다가 오스트리아에서
가장 영향력 있는 교육자이자 실무가 중 한 명이

오스트리아 케른텐주의 한
호안에 지은 조각적인 주택.
각진 콘크리트 골조에 주거와
업무 공간을 담은 3개의 강철
매스가 외팔보 구조로 매달려
있다(옆면).

이 집을 설계하고 시공한 과정은 한 개인의 발견의 여정이었다. 도메니히와 그의 학생들은 이 집의 복잡한 기하학적 형상을 30년에 걸쳐 완성했다. 그의 개념 스케치는 어릴 적 살던 곳 근처의 산악지대에서 영감을 받은 것이다.

되었고, 케른텐주에서 다시 생활하길 꿈꾸면서 호수 옆에 이런 집을 지은 것이다.

도메니히는 그때를 이렇게 회상했다. "35년이 지난 뒤 뢸탈로 돌아가 어느 산장 속에서 은거했어요. 암석들을 스케치하며 그곳에 있는 원형적인 건축 요소들에 심취했는데, 어떤 아이디어를 찾고 있었죠. 제 작업에서 가장 중요한 부분은 자유롭게 스케치하면서 절제 있는 기하학적 개념을 발전시키고 복잡성 속에서 질서를 찾으려고 시도하는 거예요." 그래서인지 파편적이고 예각이 많은 이 집은 마치 우주 폭발 장면처럼 보이며, 자연의 형상을 떠올리기도 한다. 그는 이 건물이 "산악과 암석에서 발전한 것으로, 건축의 잠재력을 보여주는 건물"이라고 말했다.

"이 디자인에 기초가 되는 수학 이론이나 철학 이론은 없어요. 이건 제 개인적인 아이디어들을 공적으로 표현한 겁니다. 이렇게 아이디어를 기하학적 형태로 번역해냄으로써, 다른 사람들도 이런 프로젝트를 할 수 있게 만들었죠."

출입구에서 보면 마치 철골로 된 참호가 그 속을 드러내듯, 파편적인 콘크리트와 헝클어진 배관이 격렬하게 폭발하는 것처럼 보인다. 이 야수와 같은 조각은 매끄럽고 예리한 식각(蝕刻) 형태들을 1층 틈새에서 관통하거나 기어오르며 유희를 즐기는 듯하다. 접은 강판들 위로 반짝이는 빛은 매끈한 콘크리트 조각들을 하나의 육중한 종이접기처럼 보이게 만든다. 해가 뜨는 날에는 흑과 백, 채움과

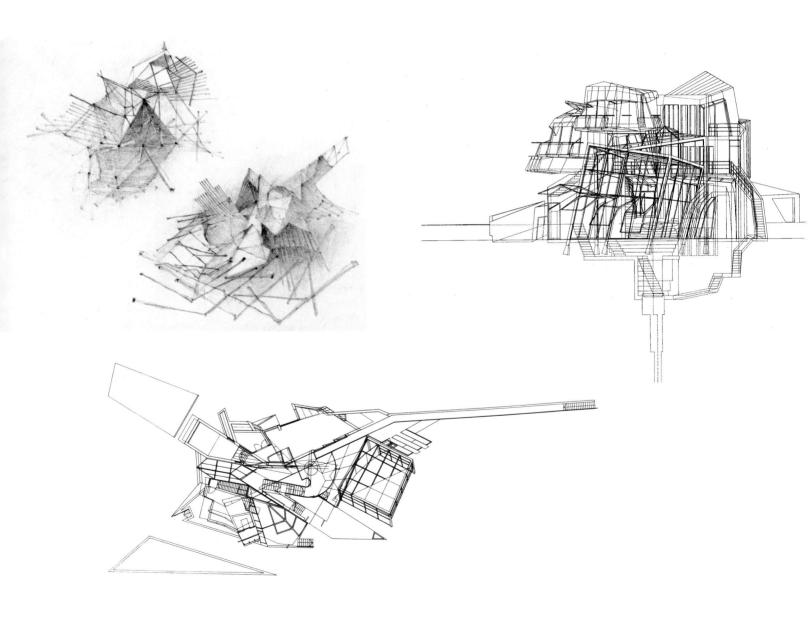

명상실(옆면)과 침실(위)은 건축의
날카롭고도 풍성한 느낌에서
벗어나 고요한 안식처처럼
느껴진다.

비움의 극적인 명암대비가 일어나고, 흐린 날에는 먼
산봉우리들이 신기루처럼 희미하게 반사된다.
슈타인하우스는 건축가의 아이디어를 위한 시험대나
시제품이 아니라, 그 자체로 충분한 하나의
예술작품으로 기획되었다. 하지만 도메니히는 이
작품이 케르텐 지방에 그가 설계한 다른 건축물에도
영감을 주었음을 인정했고, 그러한 각진 형태들은 펀더
(Funder)라는 제재목 회사의 전시장과 클라겐푸르트
중앙 광장의 부티크, 그리고 광업도시인 후텐베르크의
전시장 건물에서 찾아볼 수 있다. 마치 심리테스트용
잉크 얼룩처럼, 이 집은 많은 걸 암시한다. 그 평면도와
단면도에서 새 한 마리를 떠올리거나, 창문 없이 비어
있는 구조물에서 한때는 온전한 전체였으나 폐허로
남은 무엇을 연상하기란 그리 어렵지 않다.

공사를 시작할 무렵, 도메니히는 완공보다 시공

과정을 더 중요하게 여긴다고 말했다. 설계와 시공
과정이 한 개인의 발견의 여정이 될 것이라 기대했다.
그가 건축가로서 더 성장하는 계기가 되건, 아니면
그저 자신이 중시하는 과정에 대한 은유로 그치건
간에 이 집은 그의 기념비적인 작품으로 여겨질
가능성이 높다. 또한 브루노 타우트(Bruno Taut)의
이론서『알프스 건축(Alpine Architecture)』(1917)과
1920년경 독일에서 결정체와 같은 건축을 갈망하던
이상적 비전에 영감을 준, 자연에 필적하려는 낭만적
충동을 구체적으로 표현한 몇 안되는 사례로도 손꼽힐
것이다. 도메니히는 이를 다른 것과 비교하기도 했다.
"이 집은 제가 예술가로서 마지막으로 만든 작품이자
최고의 작품일지 몰라요. 저는 오늘날의 이론가와
훗날의 보존 운동가가 탐구할 일거리를 안겨주는
그런 건축가랍니다!"

읽을거리

Dominic Bradbury, with photographs by Richard Powers, *The Iconic House:
Architectural Masterworks Since 1900* (Thames & Hudson, 2009)

Kenneth Frampton, *American Masterworks:
The Twentieth Century House* (Rizzoli, 1995)

Paul Jacques Grillo, *Form, Function and Design* (Dover Books, 1975)

Charles Moore, Gerald Allan, Donlyn Lyndon, *The Place of Houses*
(University of California Press, 2000, first published 1974)

Clifford A. Pearson ed., *Modern American Houses: Four Decades of Award-Winning
Design in "Architectural Record"* (Harry N. Abrams, 1996)

Matthias Schirren, *Bruno Taut: Alpine Architecture-A Utopia* (Prestel, 2004)

Junichiro Tanizaki, *In Praise of Shadows*, trans. Thomas J. Harper and Edward G.
Seidensticker (Leete's Island Books, 1977, first published 1933)

Michael Webb, *Architects House Themselves: Breaking New Ground*
(Preservation Press, 1994)

집 정보, 건축가 약력

집 정보

여기에 수록한 집들은 대부분 기부금으로 유지비와 복구비를 충당하는 비영리 기구가 운영하는 곳으로, 특정한 시간대에 방문하거나 미리 약속을 잡고 방문할 수 있다. 그 외 (권터 도메니히의 슈타인하우스를 제외하고) 2001년 이후에 지어진 모든 사례들은 개인이 소유한 집들인 만큼, 집주인의 사생활을 존중하는 차원에서 수록하지 않는다.

몬티첼로(MONTICELLO)

931 Thomas Jefferson Parkway, Charlottesville, Virginia.
사전 예약 후 일일 답사 가능.
웹사이트: monticello.org
참고도서: William L. Beiswanger, *Thomas Jefferson's Monticello* (Thomas Jefferson Foundation, 2002)

존 소온 경 생가박물관(SIR JOHN SOANE MUSEUM)

13 Lincoln's Inn Fields, London. 일일 무료입장 가능.
웹사이트: soane.org
참고도서: Tim Knox, with photographs by Derry Moore, *Sir John Soane's Museum*, London (Merrell, 2009)

무어 주택(MOORE HOUSE)

2102 Quarry Road, Austin, Texas. 사전 예약 후 답사 가능.
웹사이트: charlesmoore.org
참고도서: Kevin P. Keim, *An Architectural Life: Memoirs & Memories of Charles W. Moore* (Little, Brown & Co., 1996)

탈리에신(TALIESIN)

Spring Green, Wisconsin.
5월부터 10월까지 사전 예약 후 답사 가능.
웹사이트: taliesinpreservation.org
참고도서: Kathryn Smith, *Frank Lloyd Wright's Taliesin and Taliesin West* (Abrams, 1997)

쉰들러 스튜디오 주택/MAK 센터 (SCHINDLER HOUSE-STUDIO/MAK CENTER)

835 North Kings Road, West Hollywood, California.
수요일부터 일요일까지 개방.
웹사이트: makcenter.org
참고도서: Elizabeth A. T. Smith et al., *The Architecture of R. M. Schindler*, exhib cat. (Abrams, 2001)
Kathryn Smith, *Schindler House* (Abrams, 2001)

멜니코프 주택(MELNIKOV HOUSE)

Krivoarbatsky Lane 10, Moscow.
슈세프 주립 건축박물관(Schusev State Museum of Architecture)이 조직하는 프로그램에 사전 예약 후 답사 가능.
전화: +7 495 697 8037.   웹사이트: muar.ru
참고도서: Juhani Pallasmaa with Andrei Gozak, *The Melnikov House* (Academy Editions, London, 1996)
S. Frederick Starr, *Melnikov: Solo Architect in a Mass Society* (Princeton University Press, 1978)

아일린 그레이 주택(E-1027)

Avenue Le Corbusier 16, Roquebrune-Cap-Martin.
아일린 그레이 주택과 르 코르뷔지에의 카바농은 사전 예약 후 답사 가능. 웹사이트: capmoderne.com/en
참고도서: Peter Adam, *Eileen Gray, Architect/Designer: A Biography*, rev. edn. (Abrams, 2000)
Claude Prelorenzo ed., Eileen Gray, L'Etoile de Mer, Le Corbusier: Three Mediterranean Adventures (Archibooks, Paris, 2013)

사리넨 주택(SAARINEN HOUSE)

39221 Woodward Avenue, Bloomfield Hills, Michigan.
사전 예약 후 답사 가능.
웹사이트: cranbrookartmuseum.org
참고도서: Gregory Wittkopp ed., *Saarinen House and Garden: A Total Work of Art* (Cranbrook Academy of Art Museum/Abrams, 1995)

반 더르 레이우 연구 주택(VDL RESEARCH HOUSE)

2300 Silver Lake Boulevard, Los Angeles.
매주 토요일에 답사 가능. 웹사이트: neutra-vdl.org
참고도서: Thomas S. Hines, *Richard Neutra and the Search for Modern Architecture: A Biography and History* (University of California Press, 1994)
Frederick Koeper, *Richard & Dion Neutra VDL Research House I and II* (California State University, 1985)

그로피우스 주택(GROPIUS HOUSE)

68 Baker Bridge Road, Lincoln, Massachusetts.
사전 예약 후 답사 가능.
웹사이트: historicnewengland.org
참고도서: Sigfried Giedeon, *Walter Gropius* (Dover, 199

바라간 주택(CASA BARRAGAN)
Gen Francisco Ramirez 12–14, Mexico City.
사전 예약 후 답사 가능. 웹사이트: casaluisbarragan.org
참고도서: Raúl Rispa ed., *Barragán: The Complete Works* (Princeton Architectural Press, 1996)

글래스 하우스(GLASS HOUSE)
199 Elm Street, New Canaan, Connecticut.
5월부터 11월까지 사전 예약 후 답사 가능.
웹사이트: theglasshouse.org
참고도서: David Whitney and Jeffrey Kipnis, eds., *Philip Johnson: The Glass House* (Pantheon, 1993)

임스 주택(EAMES HOUSE)
203 Chautauqua Boulevard, Pacific Palisades.
사전 예약 후 답사 가능.
웹사이트: eamesfoundation.org
참고도서: James Steele, *Eames House: Charles and Ray Eames* (Phaidon, 2002)

카사 드 비드로(CASA DE VIDRO)
Rua Gen Almerio de Moura 200, Vila Morumbi, Sao Paulo.
답사 정보는 웹사이트 institutobardi.com.br 참조.
참고도서: Zeuler R. M. de A. Lima, *Lina Bo Bardi* (Yale, 2013)

카사 다스 카노아스(CASA DAS CANOAS)
Estrada da Canoa, Rio de Janeiro.
현재 복원을 위해 문을 닫은 상태.
웹사이트: niemeyer.org.br
참고도서: Styliane Philippou, *Oscar Niemeyer: Curves of Irreverence* (Yale University Press, 2008)

프루베 주택(PROUVÉ HOUSE)
Rue Augustin-Hacquard 4.6, Nancy.
6월부터 9월까지 예약 없이 답사 가능.
웹사이트: mban.nancy.fr
참고도서: *Jean Prouve* (Galerie Patrick Seguin and Sonnabend Gallery, 2007)

프란첸 주택(FRANZEN HOUSE)
Westchester County, New York. Private.
참고도서: Peter Blake, *The Architecture of Ulrich Franzen: Selected Works* (Birkhauser, 1999)

프레이 주택 II(FREY HOUSE II)
Palm Springs, California. 2월에 답사 가능.
웹사이트: modernismweek.com
참고도서: Joseph Rosa, *Albert Frey, Architect* (Rizzoli, 1990)

카프 주택(KAPPE HOUSE)
Los Angeles. Private.
참고도서: Michael Webb, *House Design: Ray Kappe* (Images, 1998)

홉킨스 주택(HOPKINS HOUSE)
London. Private.
참고도서: Colin Davies, *Hopkins: The Work of Michael Hopkins and Partners* (Phaidon, 1993)

게리 주택(GEHRY HOUSE)
Santa Monica, California. Private.
참고도서: Mildred Friedman, *Frank Gehry: The Houses* (Rizzoli, 2009)

실버 헛(SILVER HUT)
Tokyo. Private.
참고도서: Andrea Maffei ed., *Toyo Ito: Works, Projects, Writings* (Electa Architecture, 2002)

반 스헤인덜 하우스(VAN SCHIJNDEL HOUSE)
Pieterskerkhof 8, Utrecht.
매월 첫 번째 목요일에 답사 가능.
웹사이트: martvanschijndel.nl
참고도서: Natascha Drabbe ed., *Van Schijndel House* (NDCC Publishers, 2014)

허츠 주택(HERTZ HOUSE)
Venice, California. Private.
참고도서: Michael Webb, *The Restorative Home: Ecological Houses by Architect David Hertz* (ORO Editions, 2015)

토로 협곡 주택(TORO CANYON HOUSE)
Montecito, California. Private.
참고도서: Barton Myers Associates, *3 Steel Houses* (Images, 2005)

700 팜스(700 PALMS)
Venice, California. Private.
참고도서: Steven Ehrlich, *Steven Ehlich Houses* (Monacelli, 2011)

슈타인하우스(STEINHAUS)
Ossiacher See, Austria.
5월부터 10월까지 워크숍이 있고 답사도 가능.
웹사이트: steinhaus-domenig.at

건축가 및 건축사무소 약력

노먼 포스터(NORMAN FOSTER)

포스터 앤 파트너스(Foster + Partners)는 지속가능성에 근거한 건축과 도시계획 및 디자인 작업을 하는 세계적인 스튜디오로서, 1967년에 포스터 경이 런던에 설립했다. 그 후로 포스터 경과 그가 이끄는 1,450명의 건축가들은 매우 복잡한 대규모 프로젝트를 중심으로 다양한 작업을 하는 독보적인 스튜디오로서 국제적인 실무 체계를 확립해왔다.
www.fosterandpartners.com
참고도서: *Foster and Partners: Catalog*, introduction by Norman Foster (Prestel, 2008)

버즈 유들(BUZZ YUDELL)

무어 루블 유들 아키텍츠 앤 플래너즈(Moore Ruble Yudell Architects & Planners)는 1977년 캘리포니아 산타모니카에 설립된 이래 매우 다양한 장소에서 수많은 프로젝트를 해오면서, 휴머니즘의 원칙과 혁신적 디자인에 근거한 탁월한 설계로 국제적 명성을 얻었다.
www.mryarchitects.com
참고도서: *Moore Ruble Yudell: Making Place* (Images, 2006)

스밀리안 라딕(SMILJAN RADIĆ)

1995년에 칠레의 산티아고에서 주택과 레스토랑 및 설치 작업에 특화된 설계사무소를 개설했다. 그가 수행한 대형 프로젝트로는 VIK 와인 양조장과 산티아고에 있는 칠레 프레-콜롬비아 예술 박물관(Chilean Museum of Pre-Columbian Art) 등이 있다.
참고도서: *Yoshio Futugawa, Residential Masterpieces: House of the Poem for a Right Angle and Red Hill House* (Ada Edita Global Architecture, 2016)

리처드 머피 아키텍츠(RICHARD MURPHY ARCHITECTS)

에든버러 구도심에 거점을 두고 20여명의 직원이 작업하는 설계사무소다. 1991년에 설립된 이래로 다양한 유형과 규모와 입지의 건물들을 작업해오면서, 여러 설계 경기에 당선되고 상을 받는 등 괄목할만한 성공을 거두었다. 영국왕립건축가협회(RIBA)에서 스무 번 넘게 수상을 했고 가장 최근에는 '2016년 올해의 주택상(2016 House of the Year Award)'을 받았다.
www.richardmurphyarchitects.com

제니퍼 베닝필드(JENNIFER BENINGFIELD)

2006년 런던에서 제니퍼 베닝필드가 설립한 오픈 스튜디오(Openstudio)는 의뢰인과의 협업 속에서 문화·상업·주거 시설을 시적 울림이 있는 프로젝트로 만드는 소규모 건축사무소로서, 재료와 역사와 용도를 함께 엮어 장소 특정적 의미를 중첩시킨 건물을 구현해낸다.
www.openstudioarchitects.com
참고도서: David Jenkins, *Openstudio* (Circa Press, 2016)

톰 메인(THOM MAYNE)

모포시스(Morphosis)는 건축과 도시론 및 디자인에 걸친 기술·정치·문화의 교차점들을 조정하는 협력적인 건축 사무소다. 1972년에 디자인 디렉터 톰 메인이 설립한 후 현재 60명의 직원이 일하는 이 사무소는 공공과 민간 부문을 통틀어 광범위한 유형과 규모, 맥락을 가로지르며 작업한다. 로스앤젤레스와 뉴욕, 상하이에도 지사를 두고 있다.
www.morphosis.com
참고도서: Thom Mayne, *Morphosis* (Seoul: Equal Books, 2015)

존 워들 아키텍츠(JOHN WARDLE ARCHITECTS)

1986년 멜버른에서 설립된 80명 규모의 회사다. 소규모 주택부터 대학 건물과 대형 사무소 건물에 이르기까지, 폭넓은 건축 규모를 아우르며 정교한 디테일의 작업을 하는 걸로 유명하다.
www.johnwardlearchitects.com
참고도서: John Wardle Architects, *This Building Likes Me* (Thames & Hudson, 2016)

한스 반 헤이스베이크 아키텍츠(HANS VAN HEESWIJK ARCHITECTS)

암스테르담에 소재한 9명 규모의 회사로서 1985년부터 관공서와 상업 건물, 주거 및 사회기반시설 등을 설계해왔지만, 무엇보다 공공건물을 잘 다루는 곳으로 알려져 있다. 예컨대 이 회사는 헤이그에 소재한 마우리트하위스 왕립미술관의 증축 설계를 했고, 암스테르담 반 고흐 박물관의 입구동을 새로 설계했다.
www.heeswijk.nl
참고도서: Hans Ibelings ed., *Hans van Heeswijk Architecture, 1995-2005* (2005)

안톤 가르시아 아브릴 + 데보라 메사(ANTÓN GARCÍA-ABRIL AND DEBORÁ MESA)

2000년에 실무와 연구, 교육의 결합을 목표로 하는 실험실로서 앙상블 스튜디오를 설립했다. 마드리드와 보스턴의 사무실에서 일하는 15명 내지 20명의 직원들은 대담한 건축적 접근을 취하며 기발한 공간과 구조, 프로그램, 기술을 만들어내고 있다.
www.ensamble.info
참고자료: "This is a House" (유튜브에 있는 테드[TED] 강연)

토드 손더스(TODD SAUNDERS)

1998년 베르겐에서 손더스 아키텍처(Saunders Architecture)를 시작했고, 2016년에는 미국 오레곤주 포틀랜드에 지사를 열었다. 6명이 일하는 이 건축사무소는 지금까지 노르웨이와 캐나다에서 약 25채의 집을 지었고, 뉴펀들랜드 부근의 포고(Fogo) 섬에도 일련의 건물을 지었다. 현재는 세계 여러 곳에 고급 리조트를 설계하고 있다.

www.saunders.no

참고도서: Ellie Stathaki and Jonathan Bell, *Todd Saunders: Architecture in Northern Landscapes* (Birkhäuser, 2016)

짐 올슨(JIM OLSON)

올슨 쿤디그(OLSON KUNDIG)는 1966년 시애틀에서 설립된 160명 규모의 종합 디자인 회사다. 퍼시픽 노스웨스트에 거점을 둔 이 회사는 전 세계에 걸쳐 박물관과 문화센터 및 시민회관, 복합용도, 주거, 상업, 호텔·관광 시설 등을 설계하고 있다.

www.olsonkundig.com

참고도서: *Jim Olson Houses*, introduction by Michael Webb (Monacelli, 2009)

마우리시오 페소 + 소피아 본 엘리치샤우젠(MAURICIO PEZO AND SOFIA VON ELLRICHSHAUSEN)

칠레의 남부 도시인 콘셉시온에서 지내며 일하고, 시카고의 일리노이 공과대학교(IIT)에서 정기적으로 강의를 한다. 2002년에는 주택과 중소 규모의 건물을 한 번에 하나씩 설계하기 위해 '페소 본 엘리치샤우젠(Pezo von Ellrichshausen)'이라는 예술·건축 스튜디오를 설립했다. 이들의 수상 작품은 널리 알려지고 전시되었다.

www.pezo.cl

헬레 슈뢰더(HELLE SCHRÖDER)

2000년에 마르틴 야네코비치와 함께 익스티하–베를린(XTH–Berlin)을 공동 설립했으며, 현재는 따로 독립해 다양한 건축 및 인테리어 프로젝트와 전시 디자인 작업을 하고 있다.

www.xth–berlin.de

피터 + 토마스 글럭(PETER AND THOMAS GLUCK)

은 국제적으로 저명한 건축설계·시공 회사인 글럭 플러스(Gluck+)를 이끌고 있다. 1972년부터 뉴욕시에서 시작한 글럭 플러스는 현재 40명의 건축가 및 현장 직원이 일하고 있으며, 단독주택과 다세대 및 복합용도 주거 개발, 민간 휴양지 내 별장, 학교, 대학 건물, 레크리에이션 시설, 지역사회 회관 등의 프로젝트를 진행하고 있다.

www.gluckplus.com

참고도서: Joseph Giovannini and Peter L. Gluck, *A Modern Impulse* (Oro Books, 2008)

로베르트 코니에치니(ROBERT KONIECZNY)

1999년 폴란드의 카토비체에 카보카 프로메스(KWK Promes)를 설립했다. 10명이 일하는 이 사무소는 단독주택 설계로 유명하지만, (수상 경력이 있는 슈체친의 디알로그 센터 및 광장을 비롯한) 공공건물과 사무소, 집합주거 등의 프로젝트도 설계해왔다.

www.kwkpromes.pl

스콧 존슨(SCOTT JOHNSON)

존슨 페인(Johnson Fain)은 로스앤젤레스에 거점을 두고 건축과 도시 설계/계획, 인테리어 디자인을 전문으로 하는 국제적인 디자인 사무소다. 1989년에 설립되어 현재 60명 이상의 전문가가 일하는 이 사무소는 다양한 유형의 프로젝트를 진행한다. 이 회사는 특히 연구와 학제간 협업을 강조하며 관심 분야를 확장하고 있다.

www.johnsonfain.com

참고도서: Scott Johnson, *Tectonics of Place: The Architecture of Johnson Fain* (Images Publishing, 2010)

돈 머피(DON MURPHY)

1995년에 암스테르담에서 브이엠엑스 아키텍츠(VMX Architects)를 설립했다. 12명이 일하는 이 사무소는 도시계획과 기반시설부터 사회적 주거에 이르기까지 광범위한 작업을 한다.

www.vmxarchitects.nl

호세 셀가스 + 루시아 카노(JOSÉ SELGAS AND LUCÍA CANO)

1998년 마드리드에서 셀가스카노(Selgascao)를 설립했다. 이 사무소는 여전히 소규모 아틀리에를 지향하는 곳이며, 늘 자연과 인간적 규모를 강조하면서 광범위한 프로젝트를 진행해왔다. 다채로운 색을 입힌 경량 구조에 대한 이들의 관심은 2014년 런던 서펜타인 갤러리 파빌리온에서 증명되었다.

www.selgascano.com

참고도서: *El Croquis 171: Selgascano, 2003–2013*, (Idea Books, 2013

안드레아 폰시(ANDREA PONSI)

안드레아와 루카 폰시가 2008년 피렌체에 설립한 스튜디오 폰시(Studio Ponsi)는 도시, 건축, 인테리어, 오브제 디자인의 각 분야들을 서로 유익한 관계로 이어주는 걸 목표로 한다. 이 스튜디오의 실천적 장인 정신은 디자인 디테일과 각 프로젝트의 재료와 지각적인 구성 요소에 특별한 관심을 둔다.

www.studioponsi.it

운두라가 데베스 아르키텍토스(UNDURRAGA DEVÉS ARQUITECTOS)

크리스티안 운두라가(Cristián Undurraga)와 아나 루이사 데베스(Ana Luisa Devés)가 1978년 칠레 산티아고에 설립했다. 현재 운두라가는 작업량에 따라 4명에서 6명 사이를 오가는 팀을 이끌고 있으며, 개인 주택부터 대규모 도시 설계까지 광범위한 프로젝트를 설계해왔다.
www.undurragadeves.cl

수잔네 노비스(SUSANNE NOBIS)

2000년부터 자신의 사무소를 만들어 이끌고 있다. 그녀의 건축은 하나의 신념에 뿌리를 두고 있는데, 그것은 대지와 기능, 시공, 재료, 제작 과정 같은 구조적 속성들이 전반적인 공간과 형태, 비례, 내용의 구성 속에 함께 엮여야 한다는 것이다.
Am Fichtenhain 9, 82335 Berg Germany.

레모 할터(REMO HALTER)

토마스 루시와 레모 할터는 1998년 스위스 루체른에 스튜디오를 세우고, (쌍둥이 집을 비롯한) 주거 건물과 학교, 공공건물을 함께 작업했다. 2014년에는 각자의 이름으로 독립했고, 레모 할터와 아내 크리스티나 카사그란데는 현재 공동으로 소규모 사무소를 이끌고 있다.
www.haltercasagrande.ch

라몬 보쉬 + 엘리사베타 카프데페로(RAMON BOSCH AND ELISABETA CAPDEFERRO)

2003년 스페인 지로나에 사무소를 세운 이후로 지금까지 다양한 규모와 유형의 프로젝트 작업을 해왔으며, 주로 인류와 환경의 관계에 초점을 맞춰왔다. 이들의 다양한 작업은 널리 알려지며 전시되었고, 몇 개의 중요한 상을 수상했다.
www.boschcapdeferro.net

쿨라파트 얀트라사스트(KULAPAT YANTRASAST)

2003년 로스앤젤레스에서 예술과 지역사회, 문화, 환경에 헌신하는 학제적인 디자인 사무소인 와이 아키텍츠(wHY Architects)를 설립했다. 현재 25명이 일하는 이 회사는 로스앤젤레스와 뉴욕의 사무소에 거점을 두고 박물관과 갤러리를 설계해 높이 평가받았고, 미국과 태국에 개인 주택도 설계했다.
www.why-site.com

케리 힐(KERRY HILL)

1979년 싱가포르에서 아만 리조트를 비롯한 고급 호텔과 주택에 특화된 사무소를 시작했고, 이후 범위를 넓혀 환경적으로 민감한 아파트 블록도 설계했다. 2010년에는 그의 고향 퍼스에 두 번째 사무소를 개설해 공공건물을 설계하기 시작했으며, 현재 두 사무소에는 60명이 넘는 직원들이 일하고 있다.
www.kerryhillarchitects.com
참고도서: Geoffrey London, *Kerry Hill: Crafting Modernism* (Thames & Hudson, 2015)

마르턴 + 제티 민(MAARTEN AND JETTY MIN)

1982년 네덜란드 베르건 안 제에 민투(Min2)를 설립했다. 6명이 일하는 이 혁신적인 건축사무소는 도시계획과 조경 건축에 더해 난민을 위한 융통성 있는 주거, 생애 첫 주택, 사회적 주거의 디자인 작업을 해왔다.
www.min2.eu

브리지트 심 + 하워드 서트클리프(BRIGITTE SHIM & HOWARD SUTCLIFFE)

1994년 토론토에서 건축설계 사무소를 시작하면서, 건축과 조경, 가구, 조명의 상호연관성과 통합성에 대한 관심과 열정을 공유해왔다. 심과 서트클리프의 작업은 공공 및 민간 프로젝트를 모두 아우르고 있다.
www.shim-sutcliffe.com

베니 호바르트(BENNY GOVAERT)

1989년 벨기에 브뤼헤에서 호바르트 & 반하우테 아키텍츠(Govaert & Vanhoutte Architects)를 공동 설립했다. 18명이 일하는 이 스튜디오는 주택과 아파트를 절제되고 우아한 방식으로 다루며 역사적인 구조물들을 감각적으로 번안해낸다. 작업은 주로 벨기에에서 하지만, 그들의 건축은 국제적으로 여러 상을 수상하며 널리 알려졌다.
www.govaert-vanhoutte.be

토드 윌리엄스 + 빌리 치엔(TOD WILLIAMS & BILLIE TSIEN)

1986년 뉴욕에 건축사무소를 설립했다. 현재 36명이 일하는 이 사무소는 박물관, 교육 및 예술 관련 건물에서 재료와 디테일, 사용자 요구에 대한 보기 드문 감수성을 보이며 찬사를 받아왔다. 주목할 만한 작품으로는 필라델피아의 반스 미술관과 홍콩의 아시아 소사이어티 건물이 있다.
www.twbta.com
참고도서: Hadley Arnold ed., *Live/Work: Tod Williams, Billie Tsien* (Monacelli, 2000)

도판 출처

3 (Swartberg), Richard Davies, courtesy Openstudio Architects

4-5 (NOHO) Jasmine Park, courtesy Morphosis

6 Imre Csany, courtesy Hans van Heeswijk Architects

13, 15-21 Neil Young, courtesy Foster and Partners

23-29 Colins Lozada, courtesy Moore Ruble Yudell

31 (위), 33, 35-39 Gonzalo Puga, courtesy Smiljan Radić

40-41, 43, 45-49 Keith Hunter, courtesy Richard Murphy Architects

51-53, 56-58 Richard Davies, courtesy Openstudio Architects

54-55 Louis Botha, courtesy Openstudio Architects

60-61, 63-67 Jasmine Park, courtesy Morphosis

69-75 Trevor Mein, courtesy John Wardle Architects

76-83 Imre Csany, courtesy Hans van Heeswijk Architects

85-86, 88-93 Roland Halbe

94, 96, 98-101 Bent René Synnevåg, courtesy Saunders Architects

102 Kyle Johnson, courtesy Olson Kundig

104-105, 108-109 Kevin Scott, courtesy Olson Kundig

106 Benjamin Benschneider, courtesy Olson Kundig

107 Ryan Patterson, courtesy Olson Kundig

111-113, 114-117 courtesy Pezo von Ellrichshausen

118-119, 121-125 Andrew Meischner

127-129, 131-133 Paul Warchol Photography

130, 144 courtesy Gluck+

134-137, 140 (아래), 141 Olo Studio, courtesy KWK Promes

138-139, 140 (위), 142-143 Jakub Certowicz, courtesy KWK Promes

146, 155, 157, 159 Michael Webb

147 Sir John Soane Museum

148 Kevin Keim

149 Courtesy of Taliesin Preservation

150, 156, 161, 167 Julius Shulman ⓒ J. Paul Getty Trust, Getty Research Institute, Los Angeles

151 Tatiana Popova/Shutterstock

152, 164 Manuel Bougot

153 Manuel Bougot ⓒ FLC/ADAGP, Paris and DACS, London 2018

158 Martirene Alcantara

162-163 Veronika Kellndorfer

166 Fernando Barnuevo

168 Charlie Daniels, courtesy Ray Kappe

169 Nathaniel Moore, courtesy Hopkins Architects

170 Tim Street Porter/Otto

171 Tomio Ohashi

172 Theo Baart, courtesy Natascha Drabbe

173 Tim Street Porter, courtesy David Hertz FAIA and Studio EA

174 Fran Collin, courtesy Barton Myers Associates

177 Julius Shulman/Jürgen Nogai, courtesy Ehrlich Yanai Rhee Chaney Architects

178-179, 181-183, 185 Tom Bonner, courtesy Johnson Fain

186-195 Roland Halbe

196, 198-201 Jeroen Mush

197 Marcel van der Burg, courtesy VMX Architects

203, 205, 208-209 Mario Ciampi, courtesy Studio Ponsi

204 Andrea Ponsi

206-207 Uliss e Donnini, courtesy Studio Ponsi

210-217, 219, 220 (위), 221-225 Roland Halbe

220 (아래) Susanne Nobis

226-233 Leonardo Finotti

235-239 José Hevia Fotografia

241, 243 (위), 244-247 Iwan Baan, courtesy wHY Architecture

249, 253-254 Sebastian Posingis, courtesy Kerry Hill Architects

250 Ken Lim, courtesy Kerry Hill Architects

251-252, 255 Angus Martin, courtesy Kerry Hill Architects

256 Sjaak Hensellmans, courtesy Min2

258-261, 263 Erik Boschman

262 Roland Drieenhuizen, courtesy Min2

265-271 Simon Sutcliffe, courtesy Shim-Sutcliffe Architects

273-279 Tim van der Velde

281 Jason Schmidt, courtesy Tod Williams Billie Tsien Architects

282-287 Michael Moran, courtesy Tod Williams Billie Tsien Architects

288-289, 291-293 Gerhard Maurer, courtesy Architektur Haus Kaernten

찾아보기

지은이 마이클 웹(MICHAEL WEBB)은 로스앤젤레스를 거점으로 활동하는 작가이며, 지금껏 건축과 디자인에 관해 20여 권의 책을 저술했다. 대표작으로는 2017년에 저술한 『공동체 만들기: 새로운 아파트 건축(Building Community: New Apartment Architecture)』이 있으며, 미국과 유럽의 여러 선도적인 저널에 정기적으로 글을 기고하는 등 많은 에세이를 써왔다. 런던에서 자란 그는 미국으로 이주하기 전에 영국의 『타임스(The Times)』와 『컨트리 라이프(Country Life)』에서 편집자로 활동했다. 미국건축가협회 로스앤젤레스 지부에서 명예회원 자격을 얻었고, 프랑스 문화에 기여한 공로를 인정받아 프랑스 정부로부터 문학예술 공로훈장 기사장(Chevalier de l'Ordre des Arts et des Lettres)을 받았다.

옮긴이 조순익은 서울에서 태어나 연세대학교에서 건축을 전공하고 번역가로 활동해왔다. 월간지 『건축문화』와 부산국제건축문화제 관련 번역을 해왔고, 2017년에는 계간지 『건축평단』 편집위원으로 활동하며 제1회 서울도시건축 비엔날레 주제전 단행본 『공유도시』 시리즈를 번역했다. 그 외 『건축가를 위한 가다머』(2015), 『현대 건축 분석』(2015), 『플레이스/서울』(2015, 공역), 『디자인의 역사』(2015, 공역), 『현대성의 위기와 건축의 파노라마』(2014), 『건축의 욕망』(2011), 『건축과 내러티브』(2010) 등을 우리말로 옮겼고, 도시 건축 연구서인 『파사드 서울』(2017)과 네임리스 건축의 『스쿨 블루프린트』(2016, 공역)를 영어와 우리말로 옮겼다.

표지 삽화(ON THE COVER)

전면(Front) – 로베르트 코니에치니, 방주(The Ark), 폴란드 브렌나 (134쪽 참조). 사진: Jakub Certowicz, courtesy KWK Promes.

후면(Back) – 존 워들, 양털깎이 숙소, 호주 브루니섬 (68쪽 참조). 사진: Trevor Mein, courtesy John Wardle Architects.

2쪽에 나오는 찰스 무어의 인용문 출처:

Charles Moore, Gerald Allan, and Donlyn Lyndon, *The Place of Houses* (University of California Press, 2000).

일러두기

1. 모든 치수는 미터로만 표기했다.
2. 본문 내 번호는 모두 옮긴이의 각주다.
3. 도면에 표시된 방위표는 원서에는 없는 것으로 인터넷에서 확인된 경우에 한하여 옮긴이가 넣은 것이다.

건축가의 집 마이클 웹 지음 | 조순익 옮김

초판 1쇄 발행 2018년 12월 27일
펴낸이 이민 · 유정미
편집 이수빈 | **디자인** 이경아
펴낸곳 이유출판
주소 서울시 종로구 자하문로 24길 15 우편번호 03042
전화 070.4200.1118 | **팩스** 070.4170.4107
홈페이지 www.iubooks.com | **메일** iubooks11@naver.com

ISBN 979-11-89534-01-1 03610

이 도서의 국립중앙도서관 출판예정도서목록(CIP)은 서지정보유통지원시스템 홈페이지(http://seoji.nl.go.kr)와 국가자료공동목록시스템(http://www.nl.go.kr/kolisnet)에서 이용하실 수 있습니다.(CIP제어번호: CIP2018030959)

＊가격은 뒤표지에 있습니다.

ARCHITECTS' HOUSES by Michael Webb
Architects' Houses © Thames & Hudson Ltd, London

Text © Michael Webb
Illustrations 2018 the copyright holders; See p.300 for details
Designed by Praline